Comment

Des mots... Des brimades...
Humiliations...
Dénigrement...
Dévalorisation...
Agressions verbales et physiques...
Punitions...
Isolement...
Séquestration...
Tentative d'internement...

Peuvent détruire une personne !

Un jour la larme dit au sourire :
"Je t'envie parce que toi, tu es toujours heureux"
Le sourire lui répond :
"Détrompe-toi, tu sais, bien souvent,
je n'existe que pour mieux cacher ta douleur".
Anonyme

Vos messages ou vos témoignages sont bienvenus.
katy.card3@gmail.com

Katy Card

Interdiction d'être

©2015-Katy Card
Editeur BoD – Books on Demand
12/14 rond-point des Champs-Elysées 75008 Paris
Impression : BoD – Books on Demand - Allemagne
ISBN 9782322018857
Dépôt légal : juin 2015

Merci à mes enfants,
Merci à Murielle,
Pour leur présence, leur soutien et l'hébergement.

Merci à Agnès, Catherine et Michel,
pour leur présence
et leur soutien dans ces moments difficiles...

Merci à toi Ludovic, pour ton écoute et ton soutien
psychologique durant mes années de souffrance.

Merci aussi à toi Julien, pour ton écoute
et ton soutien psychologique dans mes moments de solitude.

Merci à toi Colette, pour l'aide apportée à la correction
de mon ouvrage.

Katy

Interdiction d'être

Regarde-moi

comme tu es magnifique

On te déçoit, on te ment, on te fait du mal,
et puis on dit que c'est toi qui as changé...
Anonyme

Souvent, les gens qui critiquent sont les mêmes
qui ne connaissent pas le prix que tu as payé
pour être là où tu es aujourd'hui.
Anonyme

.

Lever le silence
C'est d'abord lever la souffrance

Katy Card

Je suis née à Dole (Jura). J'avais neuf ans quand mon père se fit embaucher dans une grande entreprise de la région. Dès lors, nous avons emménagé à Tavaux, village où était localisée cette entreprise.

Je ne parlerai pas ici de mes souvenirs d'enfance. Ma vie, elle, a été banale, une sœur, un papa ouvrier, une maman au foyer.

Les lanières du martinet laissaient régulièrement des traces sur tout mon corps. Ma mère en prenait-elle un malin plaisir ?

Mon père ne m'avait frappée qu'une seule fois, moi seule savait pourquoi. Quand il nous a quittés, suite à un cancer, je n'avais que dix-huit ans. Je devais fuir ma mère. Je suis partie avec le premier homme qui s'attachait à moi. Je me suis mariée, j'ai eu quatre enfants.

Durant trente années, j'ai subi des violences conjugales. J'ai quitté la maison familiale lorsque mes enfants sont partis vivre leur vie ailleurs, mais bien trop tard, avec la mâchoire fracturée.

J'avais alors à l'époque de mon divorce, commencé à noter l'histoire des violences subies : ma vie, trente années de calvaire. En réfléchissant, je me suis demandée pourquoi j'écrivais ce livre. J'allais alors me faire souffrir. J'allais également infliger cette souffrance à mes enfants. Leur faire revivre tout cela, mais aussi leur apprendre ce qu'ils ne connaissaient pas. Soit je disais tout, soit je me taisais. J'ai choisi de me taire. J'ai repris ce livre quelques années plus tard, pour moi, uniquement pour moi.

La plume ne s'arrêtait pas d'écrire tellement j'avais de choses à raconter : Ma vie.

Puis j'ai rencontré cet homme, charmeur, séducteur, posé, calme, un air intelligent... Nous sommes tombés follement amoureux. Cela a duré quelques mois, une année, une deuxième peut-être, puis une troisième moins heureuse, suivis d'autres années d'humiliations, de dénigrement, de trahison, mensonges, esclavage, séquestration, tentatives d'internement... juste la période qu'il fallait pour mieux me connaître et pouvoir m'intégrer sous son emprise totale.

Pour quelle raison ?

Cet homme n'octroyait seulement quelques années à une même femme. Vengeance de son passé ? Dès qu'il en avait trouvé une autre, il quittait la précédente. J'avais cru comme les autres à ses belles promesses.

Son principe, délester les femmes et les éjecter. Trouver des femmes seules ou en détresse, proies faciles de la vie, vulnérables. Les humilier, les dénigrer, les rabaisser... Il dira que l'une était grosse, l'autre jalouse, l'autre une vie de chamane qui ne lui convenait pas, une avait un nez affreux, et moi ? Moi ? Il m'avait plaquardé sur le front une étiquette : jalousie. Le chat qui appartenait à son ex était encore dans la maison... Cette ex qui revenait régulièrement chercher des affaires tous les jeudis alors que, m'avait-il dit, jamais aucune femme ne s'était installée chez lui, les draps changés tous les huit jours, la petite culotte trouvée à côté du lave-linge et qui ne faisait pas partie de mon dressing... Ceci laissait pressentir encore la présence de Micheline dans la maison. Une autre de ses ex était régulièrement autour de nous... Je refusais un ménage à trois. Celle-ci avait la clef d'un petit chalet qu'il possédait. Elle y allait fréquemment. Les SMS qu'il recevait pour le prévenir de sa présence *"La brigade arrive"*, les cartes qu'elle lui envoyait *"tendresse"*, *"ton rayon de soleil"*, me brisaient le cœur. J'étais malheureuse. J'aimerais bien savoir aujourd'hui quelle femme parmi toutes celles qui m'ont tourné les talons, aurait accepté cela. Cela me faisait mal, mal dans ma tête et dans mon corps. Feignait-il de croire en ma peine si douloureuse était-elle ?

Il disait que je me faisais du mal toute seule. Il aurait été plus simple de le laisser aller seul retrouver ses amies, ou encore les inviter à notre table. Je suis seule coupable de mon mal-être, c'est du moins ce qu'il disait pour me culpabiliser.

Libre, il voulait être. Qu'une femme entretienne la maison, la cuisine et attende son retour, voilà ce qu'il voulait. Quand je lui demandais ce que je ferais en l'attendant ? *"Il y a du ménage, couper des branches, tondre et puis tu n'as qu'à lire... Mais surtout ! Ne lis pas n'importe quoi ! C'est moi qui choisirai les livres pour toi".* Il m'avait interdit la lecture des livres qui me passionnaient, les émissions télévisées que j'avais plaisir à écouter ou regarder des heures durant... Tout était une excuse pour me détourner de mes plaisirs... Petit à petit, il m'a isolée de ma famille, de mes amis. Je ne pouvais plus téléphoner ni recevoir des appels. C'était lui qui relevait les e-mails de nos amis. J'étais isolée de toute communication avec l'extérieur.

Je refusais cette façon de vivre. Je ne connaissais pas ses amis. Lui participait à mes soirées. En aucun cas, je n'aurais pu aller seule...

Et mon permis de séjour ou de travail à Giez ? Il me l'avait promis depuis les premiers jours...

"Je m'en occupe de ton permis de séjour et de travail ? C'est long", me disait-il. Et alors que je cherchais à connaître les démarches effectuées pour l'obtention de ces papiers, il me dira :

"Comment veux-tu faire confiance aux autres ? Tu n'arrives déjà pas à avoir confiance en toi !"

J'ai entendu cette phrase des dizaines de fois en sept années de vie commune...

J'ai attendu...
Je n'ai jamais eu ni permis de séjour, ni permis de travail.

Introduction

Il existe un moment dans notre existence où nous avons besoin de prendre du temps pour réfléchir à ce que nous avons fait de notre vie. Rechercher le meilleur, mettre de côté le moins bon, voire même l'oublier.

Mais il existe aussi un moment où nous, femmes sommes capables de tout plaquer pour vivre le grand amour... Un coup de foudre ! Partir avec un inconnu !...

Vous qui sortez d'un enfer, ou encore d'un abandon, ou encore d'un problème quelconque... Vous, qui travaillez, ou non... Vous, qui êtes seule, ou non...

Vous avez désormais envie de vivre sereinement... Votre travail, vos amies, vos passions, sont les instants présents désormais de votre vie.

Vous souhaitez laisser votre passé derrière vous ! Vous n'avez qu'une idée en tête : vous en sortir !

Il arrive. Et là, vous craquez ! Charmeur et il le sait, séducteur, envieux, posé, un air intelligent... Il vous regarde. Il s'approche de vous. Il vous sourit ! Il vous choisit, vous ! D'abord, vous ne comprenez pas trop pourquoi, Vous... ! Cet homme que toutes vos amies, vos collègues vous envient. Il est bien renseigné. Il sait que vous travaillez. Il sait que vous sortez d'un véritable enfer. Il sait que tout lui sera permis sur vous car vous avez peur de l'abandon... Vous êtes une proie facile. Ça vous ne le savez pas encore ! Vous tombez follement amoureuse et vous n'appréhendez rien d'autre.

Et c'est là qu'il vous le dit. Vous êtes sa fierté ! Vous êtes belle. Vous êtes souriante. Vous êtes passionnée. Vous êtes son petit rayon de soleil. Amoureuse, vous avez de l'humour. Lui ne danse pas, mais il vous regarde danser. Lui ne blague pas, mais il vous écoute blaguer. Son regard ne se détourne pas. Il vous promet monts et merveilles, fidélité, partage, voyages... et surtout... Il vous aime tellement ! Il voudrait que vous soyez la dernière dans sa vie ?

Vous y croyez très fort car vous êtes très amoureuse. Vous êtes persuadée que c'est réciproque, mais si vous vous creusiez un peu la tête à ce moment là, posez-vous certaines questions ? Il ne s'agit pas de vous culpabiliser, juste vous faire réfléchir. Toutes ses ex avant vous, savaient-elles qu'il les larguerait ? Ne pensait-il pas refaire sa vie avec ? Ne leur avait-il pas fait la même promesse ?

Vous avez envie de rompre avec ce passé si terrifiant, alors vous le suivez. Une nouvelle vie s'ouvre à vous. Et vous le pensez vraiment !

Au début il fait tout pour que vous vous sentiez à l'aise, vous donne envie de raconter autour de vous que vous êtes bien, que les gens pensent que vous êtes bien.

Il vous fait croire à une belle vie, des voyages. Il préparera votre retraite, changera même son véhicule contre un autre pour vous faire plaisir. Il ira même jusqu'à vous promettre l'usufruit de la maison. Il le dira même devant vos amis, vos connaissances... pour faire croire que vous êtes une *"reine"*. Tous vous envieront et seront ravis pour vous.

Mais rien ne se passera comme ça.

Il n'y aura jamais de voyages, jamais de partage, jamais de véhicule, jamais d'assurance retraite, jamais rien de toutes les belles promesses. Vous descendrez le plus bas possible... Ses projets à lui sont de vous détruire. Il n'a certes pas précisé quels étaient ses réels projets...

Vous entrez dans sa vie...

Petit à petit, vous remarquez que cet homme est différent. Il vous humilie sans cesse. Il vous dénigre sans cesse. Tout ce que vous entreprenez est nul. Il vous compare toujours à ses ex. Vous vous rendez vite compte alors que toutes ces mesquineries font de vous un objet. Il a une double face. Lui n'existe que pour lui. Il faut surtout le regarder, l'adorer, le choyer, le plaindre... Il commence tout doucement votre destruction. Quand vous aurez découvert sa double personnalité alors il vous fera vivre un enfer.

J'ai subi tout cela... Aussi les mensonges, le chantage, les humiliations, le dénigrement, la séquestration, l'isolement, les punitions, les interdictions, les tentatives d'internement en hôpital psychiatrique, les coups...

Fini de voir les amis, les amies, les copains, les copines, les connaissances... Il sait que je parle de notre relation... qui n'est déjà plus la même qu'au début... Il intervient... Il ment... On ne me croit pas. Ce ne peut être lui, c'est impossible. Moi aussi, je m'étais longuement penchée sur cette impossibilité jusqu'à même aller voir psychiatres, thérapeutes... Chaque fois, il me faisait changer... Il aurait tant voulu que j'aille vers celui ou celle qu'il connaissait et qui l'écouterait... Les quelques amis qui m'adressaient encore la parole me disaient qu'il parlait de mon comportement. Quel comportement ?

Tout lui est permis,. Je suis sa chose. Il fait de moi ce qu'il veut. Dès lors, je suis une proie facile. Personne ne me comprend. Je ne suis plus la même. Je change. Et puisque je change, je suis la coupable assurément.

Lorsque vous tentez de donner votre version, personne ne vous soutient. Il est trop tard. Il a déjà manipulé tout le monde par son *"bon côté charmeur et toujours manipulateur"*.

A partir de là, vous devenez aux yeux de tous la méchante parce que vous voulez le dénigrer à votre tour. Lui, ce n'est pas possible, il a l'air si gentil, charmant, charmeur, il parle bien...

Vous n'avez plus rien... Il vous prend tout ce qu'il vous reste jusqu'à votre âme... Il vous détruit... Vous êtes seule. Vous n'avez plus de travail ! Qui voudrait bien d'une pauvre fille qui n'a plus rien alors que lui a tout maintenant ? A chaque fille qu'il s'octroie il se fait un plaisir de la voir souffrir.

Dès le départ de la relation, il vous lance des petits brimades telles que *"tu ne sais pas faire ça"* ou *"tu le fais mal"*, *"ça n'était pas là"* ou encore *"Mais non tu ne sais pas faire, ce n'est pas du tout ça"* ou encore *"ma mère faisait comme ça, pas comme tu fais toi ?"* ou encore *"tu ne comprends vraiment rien"* ou encore *"Ce n'était pas rangé là"*. Puis ce sera *"Tu es nulle, tu ne sais rien faire"*, ou encore *"J'espère que tu ne seras pas aussi grosse que ta mère en vieillissant"*... *"Tu as vu à quoi tu ressembles"*...

Vous vous rendez vite compte que toutes ces petites mesquineries, du matin au soir, parfois même très tard dans la nuit, font de vous un objet et que l'homme avec qui vous vivez a une face cachée.

Quand vous l'avez découvert, alors quittez-le tout de suite car il vous fera vivre un véritable enfer ! Cela peut aller jusqu'à des humiliations plus profondes, dénigrement, punitions, tromperies, duperies, séquestration, coups et isolement.

Vous ne pourrez plus voir personne... Adieu les passions ! Bonjour les punitions ! Il VOUS INTERDIRA D'ETRE VOUS ! Il ne pensera qu'à lui et qu'à lui seul. Vous n'existez pas ! REGARDE-MOI COMME TU ES MAGNIFIQUE !

Si vous venez à parler pour vous protéger, alors il intervient pour changer la discussion. Tout ce que vous voulez entreprendre est nul ! Il vous compare à ses ex. Vous devenez une marionnette, la marionnette de son ombre. Il commence petit à petit votre destruction.

J'ai supporté tout ça mais j'ai attendu trop longtemps.

Si vous n'agissez pas très vite, vous n'aurez pas gain de cause puisque, très malin, il le fait très discrètement, jamais devant d'autres personnes, uniquement lui et vous.

Je le répète encore et je ne le répèterai jamais assez. Tout lui est permis. Vous êtes sa chose. Maintenant, il se prépare à votre destruction totale avant d'en choisir une autre...

Car vous ne serez ni la première, ni la dernière...

Dès lors, vous n'êtes plus la même. Vous vivez dans la méfiance. Vous n'avez plus confiance. Dans ses paroles, vous tentez de dénicher le vrai du faux. Vous ne savez plus où vous en êtes. Vous changez votre comportement. Vous réfléchissez à votre fuite. Il vous a déjà depuis si longtemps sous son emprise. Si vous lui faites du chantage, il pourra même jusqu'à manipuler la police et vous faire interner dans un hôpital psychiatrique. Rassurez-vous, les psychiatres ne sont pas dupes et heureusement pour moi ! Je n'y suis pas restée.

Jusque là tout a marché pour lui, alors pourquoi ne pas recommencer ailleurs. Croyez-moi, il est fort, très fort !

Il vous culpabilisera. On commencera à vous tourner le dos. Pour les autres, si vous changez, c'est parce que vous serez la méchante. A aucun moment, les autres ne se tourneront près de vous. Leur choix est fait.

Bien que l'on parle d'agressivité dans notre Société d'aujourd'hui, ce sont eux qui se mettent du côté des personnes toxiques. Quand on parle à la télévision d'une agression dans le métro, que personne n'a bougé, combien de personnes minaudent de l'autre côté de l'écran *"Les salauds, les gens sont des monstres, ils n'ont même pas réagi"*.

Alors je me mets en colère quand je vois ces mêmes personnes se tourner vers un coupable, parce que ce dernier joue de son charme... Moi, personne n'a écouté ma version. Le beau parleur a sa place, la même qu'il a su garder durant mes sept années de cauchemar.

*Chaque blessure laisse une cicatrice
et chaque cicatrice raconte une histoire,
une histoire qui dit "J'ai survécu !".*

I

Pourquoi ai-je choisi de raconter une partie de mon histoire avec un manipulateur pervers ?

J'ai vécu sept années avec cette personne ayant cette personnalité sans savoir que cela existait !

Il était Suisse. Mon appartement se trouvant en France, je ne comprenais pas pourquoi il ne voulait pas que je m'installe définitivement chez lui. Je compris plus tard que c'était pour *"profiter"* de moi et me détruire.

La souffrance des dernières années avec lui, a été si terrible qu'il m'était même arrivée de penser au suicide. Me retrouver à la rue et être isolée de tous ceux que je considérais comme des amis a été une période les plus atroces de ma vie. Les personnes que je connaissais me fuyaient et je ne comprenais pas pourquoi. Pour les autres, les anonymes, je n'arrivais plus à les regarder en face. Chaque personne dont le regard se posait sur moi devenait une personne soupçonneuse de connaître mon pervers... Je n'avais plus du tout confiance en moi et aux autres.

Une amie, un jour à qui je racontais ma détresse, m'incita à regarder le terme de *"pervers narcissique"* sur internet. J'ai lu cet article et j'ai compris que l'homme à côté duquel je passais tout mon temps, avait cette pathologie. Après avoir discuté avec un thérapeute que je consultais pourtant depuis quatre années, celui-ci également m'a incitée à regarder ce terme... Aussi un psychiatre... une juriste...

Et là, ne me sentant plus coupable du tout, j'ai décidé de relever la tête et bouger. J'ai acheté des livres. Je me suis inscrite sur des groupes sociaux. J'ai échangé sur les forums avec des femmes, mais aussi quelques hommes, manipulés eux aussi.

J'ai rencontré certaines ex de mon PN (Pervers narcissique). J'ai compris... que rien ne venait de moi. Je n'avais pas le droit de disparaître. Ç'aurait été lui donner raison. Ç'aurait été une injustice pour moi mais aussi pour toutes ces femmes... qui sont malheureuses.

Toutes les personnes, à qui je tentais d'expliquer mon désarroi, m'ont abandonnée. Je n'ai trouvé personne pour me comprendre. J'étais négative, cette réflexion est arrivée à mes oreilles beaucoup plus tard. J'ai été surprise de voir s'éloigner de moi, des personnes que je croyais réfléchies, sensées. Il a désormais tout le monde sous son emprise. Mensonge et manipulation ! Peut-être pense-t-il lui même que ce sont ses qualités ! Je vous laisse méditer là-dessus !

Je suis devenue la méchante aux yeux de nos connaissances. Que peut-il raconter pour que les personnes ne souhaitent plus me voir ? Pourquoi se sentent-elles obligées de prendre parti ? Juste avant mon départ, j'avais prévenu des amis, ceux-ci disaient qu'ils ne me laisseraient pas, que nous pourrions nous voir... et puis, le manipulateur passé, plus rien... Tous ont soudain la bouche cousue ou encore envoient des messages pas très agréables à lire, ceci juste par des *"on-dit"*.

J'ai contacté de nouveau certains membres de ma famille, mes amis, mes amies, mes connaissances... Trop tard ! Le manipulateur avait déjà fait main prise sur eux. Je suis devenue une sorcière aux yeux de tous. Je suis complètement anéantie.

Il racontait autour de nous qu'il ne m'abandonnerait jamais... Ceci était pour mieux se préparer à ma destruction totale. Il m'a tout pris. Il a vendu mes meubles. Il a fait croire à un permis de séjour. Il m'interdisait d'aller danser. Il m'interdisait de choisir les repas. Il m'interdisait de lire ce que je voulais. Il m'interdisait de regarder les émissions que jusqu'ici j'aimais suivre. Il m'interdisait d'aller courir. Il m'interdisait de connaître ses amis. Il ne voulait pas que je parle à des gens de son voisinage. Il m'interdisait de retourner à Dole chercher mon courrier pour ne plus voir mes amies, au féminin mais aussi au masculin. Il pensait que j'avais une relation avec un de mes meilleurs amis. Il doutait que je retourne voir mon ex-mari. Il ne voulait pas que je travaille. Il m'obligeait à entretenir son chalet, sa maison. Il m'a humiliée avec ses amis, ses amies. Il m'a trahie. Il me punissait comme une petite fille. Il me séquestrait. Il me signait des autorisations pour prendre la voiture. Parfois il m'était même l'alarme la nuit pour être certaine que je ne parte pas le soir. Je ne devais pas répondre au téléphone. Il gérait même les appels qui pouvaient venir de mes amis. Si nous rencontrions de nouvelles personnes, il m'était interdit de prendre les téléphones et les adresses e-mails. L'excuse ? *"Je perdais tout"* disait-il devant ces gens. Il a tenté de m'interner plusieurs fois en manipulant également la police. Cela s'est terminé par des coups. Quand il allait trop loin dans ses gestes, il appelait les forces de l'ordre. Il leur signalait que je l'agressais. Par deux fois, suite à de grossiers mensonges, il a réussi à m'envoyer dans un hôpital psychiatrique. Je n'y suis pas restée car les psychiatres ne le jugeaient pas nécessaire... et il en était désespéré. En octobre dernier, ai-je subi un empoisonnement ? A-t-il été renouvelé en février et mars derniers ? Je ne le saurai, certes jamais. Pourtant le doute restera à jamais dans mon esprit. Pourquoi ? Vous le découvrirez dans ce livre.

J'ai choisi de raconter mon histoire. Je garderai mon nom, mais je changerai les autres prénoms. Si certaines personnes acceptent de lire mon ouvrage pour comprendre, alors ils se reconnaîtront ou encore ils feront semblant de ne pas voir, ou encore ils ne le liront pas jusqu'au bout. Qu'importe ! Ceux qui ne voudront pas lire jusqu'au bout seront ceux qui auront peur de connaître la vérité, la vraie face cachée de l'homme qui m'a détruite et qu'ils estiment.

Je veux par cet ouvrage, raconter comment un manipulateur peut détruire une personne. Comment un manipulateur peut se faire passer pour le bon samaritain aux yeux des autres qui, comme moi, sont eux-mêmes manipulés.

Cet homme a vécu plusieurs années avec plusieurs femmes. Il les a humiliées autant les unes que les autres... Sans coeur. Sans remords. Se faisant passer pour la victime... Allant même jusqu'à m'accuser de *"l'avoir castré des femmes"*, il est détruit, et par ma faute, il ne pourra jamais se remettre avec quelqu'un. Or, seulement quelques jours après notre séparation, j'apprenais, par des connaissances, qu'il était déjà avec une femme. Et il se vantait déjà. Elle venait à peine de perdre son mari. Elle va bénéficier de la pension de réversion de son mari. Elle va toucher une assurance-vie... Elle a une maison. Il parle déjà de mettre tous ses meubles chez elle pour louer sa maison en Suisse.

Je suis certaine qu'elle n'était pas au courant de sa précipitation à vouloir mettre ses meubles chez elle. Il sait qu'il a tout ce qu'il veut. C'est lui qui décide tout. Nouvelle victime ?

Elle venait tout juste de perdre son mari ! Tout comme moi, il choisit une femme en détresse. Cette femme que nous avions connue ensemble, trois ans auparavant alors qu'elle était accompagnée de son mari. A cette époque, il la trouvait immature, déjà très marquée par les traits de l'âge et il m'avait dit *"Tu imagines, si j'étais avec une femme comme ça, elle fait plus vieille que moi !"*. Il ne faut surtout pas être mieux que lui... Pourtant il avait pris leur adresse mail et leur numéro de téléphone. A peine huit jours après le décès de son mari et juste au moment de notre séparation, ils partaient en vacances. Etaient-ils déjà ensemble ?

J'appris plus tard...

Ce que j'appris plus tard, me laissera un froid glacial dans le dos...

Je ne peux m'empêcher de penser à cette terrible soirée, au cours de laquelle aujourd'hui, je pense avoir été empoisonnée...

La suite, vous le lirez dans MON HISTOIRE, celle d'une femme vivant sous l'emprise d'un pervers narcissique.

Le manipulateur pervers narcissique

ELLE est la victime et LUI, le manipulateur pervers.

ELLE est pleine de vie... mais souvent un manque de confiance en soi.

IL la repère, l'approche et la séduit.

ELLE pense avoir rencontré l'homme idéal. Elle lui apporte toute sa confiance et le suit.

Il attend qu'elle soit bien dans sa relation et la rabaisse, l'humilie, la dévalorise... progressivement.

IL tente de la déstabiliser en alternant les attaques et les marques de gentillesse.

ELLE perd progressivement tous ses repères. Elle ne sait plus où elle en est, ni ce qu'elle est.

IL renforce sa domination en jouant le rôle de victime. Il rejette toujours la faute sur elle pour la culpabiliser.

IL la traite comme un objet, ne s'apitoie jamais sur le mal qu'il fait, n'a jamais aucun remords.

ELLE s'affaiblit, et finit par perdre toute estime de soi.

IL continue à jouer en public le rôle du bon gars, celui qu'on apprécie pour sa discrétion, sa gentillesse et sa serviabilité.

Les trois clés de la manipulation perverse ? Le doute, la peur et la culpabilité.

Je l'appellerai Dario*. Lui se reconnaîtra. Certains d'entre vous aussi. Vous penserez ce que vous voudrez. Ce livre, il fallait que je le fasse, pour ma thérapie, pour moi, pour mon honneur, pour montrer aux personnes jugeant sur des on-dit et non sur des faits réels. Je me souviens d'une amie pour ne pas dire qu'elle ne me croyait pas, parlait d'imaginaire. Je disais des choses imaginaires car Dario ne pouvait pas être celui que je disais être. Un terme de mon PN. (J'écrirai PN pour ne pas répéter Pervers Narcissique). Il était passé par là. Mon amie me mentait. Pourquoi une amie ment-elle ? Depuis, elle aussi, a décidé ne plus être mon amie. Et même si je lui ai écrit par la suite, même si je lui ai téléphoné... Le charme du pervers a séduit, séduit et séduira encore...

NON je ne suis pas celle qu'il dit que je suis.
NON, je ne suis pas la méchante comme il le dit.
NON, je ne parle pas d'imaginaire.
NON, je ne suis pas menteuse.
NON, je ne suis pas folle.
NON, je ne suis pas jalouse maladive. Le harcèlement d'une ex entre nous, fait-il rééellement partie d'une jalousie maladive ?
NON, je ne suis pas celle qu'on juge mal.

NON, je suis MOI. Tout simplement MOI.
Et aujourd'hui, j'ai mal.

J'ai découvert que Dario me mentait et ce, depuis notre rencontre, ce que j'étais loin de me douter. Dario aimait les femmes et savait les charmer. Sa fille me l'avait même confirmé. A chaque femme que nous rencontrions, il faisait des compliments, un peu trop intimes parfois. Il les prenait en photo de face et de profil. Ces images, il en possédait une collection. Un jour, alors que je l'avais surpris à regarder toutes ces femmes sur son écran, je lui demandai ce qu'il faisait. Il ferma la fenêtre sur le bas de son écran, en ouvrit une autre qu'il me montra en tentant de m'embrouiller dans des explications auxquelles je ne comprenais rien, pour confirmer son travail. Il me prenait pour une idiote. Il me traita de malade et décida d'y mettre sur le dos de la jalousie, c'est tellement plus facile. Ou encore c'est lui qui a la maladie d'Alzeimer (c'est lui qui dit cela), voulant dire qu'il ne se rappelle pas de cette fenêtre ouverte.

Notre relation amoureuse a débuté, lors de la concentration de notre Club de moto à Montbarrey en mai 2007. J'étais en situation de divorce suite à des violences conjugales, et Dario tombait à pic. Nous nous plaisions. Nous nous étions rencontrés l'année précédente alors que j'étais encore en couple, en tout bien tout honneur.

Là, il venait seul et j'étais seule. Nous nous sommes rapprochés. Le week-end suivant, il m'invitait chez lui trois jours pour la Pentecôte. Je le trouvais charmeur et charmant. Nous avons fait de la moto. Nous nous sommes revus tous les week-ends. Je travaillais à Besançon, j'habitais Dole et je venais en Suisse le week-end. Tout était parfait.

Lui voulait que je quitte mon travail. Je ne voulais pas. J'avais peur de la vie, être échaudée une nouvelle fois ! Puis il y eut ce jour en 2009, où des licenciements étaient annoncés dans l'établissement. On proposait des primes pour les volontaires, puis une autre prime pour ceux désirant monter une entreprise. Dario m'a encouragée dans ce sens. Nous étions fous amoureux comme des adolescents.

Il avait promis de me donner du travail pour ma nouvelle entreprise qui devait être crée en France. J'ai donc gardé mon logement à Dole et je suis venue habiter à Giez en Suisse dans sa maison. J'ai fait des travaux de secrétariat pour sa Société, des travaux d'élagage pour lui ; je n'ai jamais été payée. J'ai fait des mailings pour des installateurs chauffagistes. Il avait également promis, si je faisais des ventes, de facturer pour moi en nom propre. Je devais mettre son adresse mail pour la réponse. Je n'ai jamais su s'il avait vendu du chauffage avec mes mailings.. Je n'ai jamais su si cela l'avait aidé ou non.

J'étais pourtant très amoureuse et désireuse d'avoir une vie saine et heureuse. Malgré cela, j'acceptais toutes ses remarques aussi méchantes qu'elles étaient. Quand je parlais avec d'autres personnes, il me coupait la parole pour toujours dire *"Non, ce n'est pas cela"*. Quand je lui demandais qu'il arrête de me rabaisser, il insistait pour dire que je me faisais des idées, qu'il n'avait pas l'impression que… Ces paroles je les ai entendues toute ma vie avec lui. Et puis, être rabaissée toujours et toujours… ne dure qu'un moment…

Il me mentait...
Je n'avais plus confiance, ni en lui ni en moi.

Là, où ma première histoire amoureuse se termine :
la fin de trente années de violences conjugales.

27 mars 2007. Je suis encore avec mon ex-mari. Après trois jours de séquestration dans la chambre, mon calvaire, mes trente années de violences conjugales s'arrêtent enfin. Trois jours pendant lesquels je n'ai pu appeler la police pour me sauver. Frappée, battue. La porte et les volets de la chambre sont fermés et puis... le coup de trop. J'ai mal, très mal ! Comment fuir ! J'entends quelqu'un qui sonne à la porte ! Oui, il y a quelqu'un qui arrive ! Mon bourreau va-t-il ouvrir ? Oui, j'entends la porte s'ouvrir. Un ami arrive. Ouf ! Il va me sortir de là...

La femme médecin assise près de moi me donne le verdict de la radio que je viens de passer *"Fracture de la mâchoire"*. Elle me rappelle les trop nombreuses présences au service des urgences de l'hôpital *"la prochaine fois, vous serez dans la salle derrière, à la morgue. Vous devez le quitter et porter plainte ! Je vais procéder au certificat d'usage. Demain matin, vous subirez une opération chirurgicale à Besançon"*.

Je suis restée une semaine à l'hôpital. Huit jours durant lesquels j'ai pu réfléchir à ce que je devais faire, ce que j'allais devenir... Huit jours à pleurer... Huit jours à penser... psychiatres, assistante sociale, médecins...

Les appels téléphoniques de mes amis m'aident à garder le moral. Ça fait du bien dans la tête, beaucoup de bien. Et puis les autres, ceux qui sont présents : Lolo, Kyky, Marie, Fifi, Gilles, Brigitte, Janik... Cette dernière est seule. Elle m'invite chez elle, le temps de me retourner, le temps de chercher un appartement mais aussi le temps de ma convalescence. Je n'oublierai jamais ces amis, et ce, malgré les tensions qu'il y a eu par la suite avec mon deuxième amour, dont je vous parlerai plus loin. Je m'excuse auprès d'eux, auprès d'elles. J'aurais aimé leur donner une explication, mais le PN était là, il veillait, épiait tout. C'est aussi pour toutes ces personnes que j'ai côtoyées que j'ai choisi d'écrire. Elles penseront ce qu'elles veulent. J'ai toujours été sincère mais comment se faire comprendre quand on vit avec un manipulateur pervers narcissique.

A la sortie de l'hôpital, ma fille est présente. Elle souhaite que je quitte enfin son père. Elle a peur pour moi. Elle veut me protéger. Plainte, associations femmes battues, assistantes sociales, juristes, avocate... Visite chez le juge des affaires familiales pour une séparation d'urgence... Visites d'appartements... Déménagement... Voilà ce qui m'attend pour les jours à venir... Mon mari est en maison de repos. Je suis tranquille un moment. Mais il n'a pas reconnu le coup fatal. La psychiatre qui le suit cherche à me joindre. Il est malheureux... Je pourrais peut-être attendre avant d'engager une procédure de divorce. Après tout, une gifle, ce n'est pas si grave que ça !

Une gifle qui m'avait brisée la mâchoire !...

Ces violences conjugales, je m'y habituais presque.

Le crédit de la maison est terminé. Nous pourrions peut être revivre, nous remettre ensemble ? *L'ange qui se tient sur mon épaule me rappelle la voix sévère du médecin. J'entends le mot "morgue" de nouveau dans ma tête.* Je prends la décision de partir définitivement. J'ai un emploi.

Je pars vivre chez Janik en attendant de trouver un logement. Le soir, je retrouve mes autres amies. La danse country, les soirées chez l'une ou chez l'autre... les concerts, les fous-rire... Que de bons moments pour oublier mes mésaventures !

Je suis également secrétaire dans un club de motos. Nous préparons notre concentration. Je tente d'oublier en m'occupant des inscriptions et des animations. Mon devoir est de contacter toutes les personnes venues l'année précédente.

C'est là que tout a recommencé.

Là où ma deuxième histoire amoureuse commence…
Première année avec un manipulateur narcissique

Avril 2007. Je contacte nos amis suisses pour présenter notre nouvelle concentration.

Dario est le premier à me répondre. Il a appris par un ami que je suis seule. Très vite, il répond à notre invitation. Il vient à notre rassemblement avec Pierrick. Il y aura aussi Claudius et Rosine. Il m'annonce qu'il est de nouveau célibataire. Il est difficile pour lui de trouver l'âme soeur. Qu'est donc devenue Micheline qui était venue avec lui l'année passée à notre repas ? A cette question, il ne dit rien et saute du *"coq à l'âne"*.

Nous échangeons quelques mails. La place passagère de la Goldwing est libre. Je suis bien évidemment invitée pour la balade. Mick m'avait déjà proposé la place sur son trike pour des raisons personnelles par rapport à mon ex-mari qui était en maison de repos et pouvait surgir à tout moment. Il était persuadé que j'allais revenir à la maison. S'il me voyait avec un *"mec"*, il aurait été capable de faire n'importe quoi. Il fallait jouer la méfiance à fond. Mick c'était différent. C'était un ami commun et mon ex-mari avait confiance.

La pluie n'a pas cessé de tomber. Dario, Pierrick et leur couple d'amis arrivent tous ensemble. Dario est vêtu d'un pantalon imperméable jaune, comme sur les chantiers de travaux publics ou encore les marins. Cela lui donne une drôle d'allure. J'éclate de rire.

Mick doit retourner chercher son trike à une trentaine de kilomètres. Il pleut et il n'a plus trop envie de faire la balade. J'en profite alors pour demander à Dario s'il est toujours d'accord pour partager sa moto avec moi. Après avoir mis mon casque, je m'installe à l'arrière de la bécane. La pluie continue de tomber en alternance. Une centaine de motos démarrent. Balades, haltes, visites... Chaque visite que nous faisons, il est tout près de moi. Je sens bien qu'il a le béguin pour moi, je le vois dans son regard. Nous nous asseyons sur un banc dans une fabrique d'objets en bois. Je ris. Je suis bien. Je suis heureuse et peut-être aussi un peu amoureuse. Son copain prend une photo de nous deux. Dario en profite pour me faire une bise sur la joue.

En même temps, Lolo a loué une caravane à Montbarrey. Il pleure. Janick l'a quitté. Elle est là, avec son nouveau copain. Il pleure dans sa caravane. J'essaie de le réconforter. Il l'aime toujours et il est si mal que j'ai peur qu'il fasse une bêtise... Laquelle ? Je ne sais pas... Celle aussi bien de se détruire que celle de détruire les deux autres. Je suis prise entre mon boulot de secrétaire dans le club, recevoir les motards, Dario qui me suit toujours, Lolo qui a été présent quand je n'étais pas bien et qui m'inquiète... Mais également Janick qui m'a hébergée et que je ne peux pas laisser seule.

Ce n'est qu'au bout des trois jours de ce rassemblement que Dario me propose une balade au bord de la rivière. Il me tient à l'écart en demandant ce que nous faisons là tous les deux... Nous nous embrassons. Je le questionne afin de savoir si l'idylle avec Micheline est bien terminée. Il dit *"oui"*. Je le crois. Pourquoi ne le croirais-je pas ? Un petit souci trotte dans sa tête et il m'en fait part. La distance peut-elle être un frein à notre relation ? Je ne sais que répondre. Je n'en n'ai aucune idée.

Le soir, après avoir fait une petite balade main dans la main, nous nous embrassons longuement. Il va dormir dans sa tente. Je rentre chez moi. J'habite Dole, tout près de la maison natale de Louis Pasteur, au bord du canal des Tanneurs. Ce soir, j'ai du mal à dormir. Je pense à ce baiser. Va-t-il me recontacter ? Le lendemain, alors que je reviens pour le repas de notre comité orgnisateur, il est déjà parti. Plus de tentes, plus de trikes, plus de motos sur ce parc. Tout est redevenu calme. Au repas, je suis le sujet de discussion. Il y a ceux qui nous ont vu main dans la main, ceux qui se sont doutés d'un rapprochement, et les autres qui l'apprennent.

On me charrie. Tu vas partir en Suisse alors ? Mais non il ne m'a rien dit, rien n'est prévu... Dario a l'air bien. Le président me confirme qu'il avait déjà vu Dario, l'année précédente, tourner autour de moi et me regarder et pensait qu'il y avait déjà quelque chose entre nous. La façon qu'il avait de me regarder. Moi, je n'avais rien vu. J'avais bien trop peur de mon mari. Je n'aurais pris aucun risque. Les plats se suivent. L'ambiance est super ! Nous sommes un groupe super aussi ! Nous rigolons. Nous faisons le point sur le week-end.

Puis nous démontons les stands et les gars chargent le camion. J'ai hâte de rentrer à la maison. Juste pour voir s'il m'a écrit, juste pour voir si c'était un flirt ou quelque chose de sérieux. Dario m'a déjà envoyé un mail. Il a pensé à moi toute la nuit. Il a été déçu de ne pas se réveiller à mes côtés et voir les derniers motards plier leur tente et déserter déjà les lieux. *"Le week-end prochain"*, dit-il *"est le week-end de Pentecôte. Chez nous en Suisse, nous avons trois jours. Est-ce que c'est pareil pour vous ?"*

"Alors que penses-tu de venir en Suisse le week-end prochain, du vendredi au lundi soir ?" Parfait ! Je ne travaille pas non plus le mardi donc je peux rester jusqu'au mardi soir. Quatre grandes journées. Que va-t-il se passer ? Que va-t-il me dire ? Je crois que je l'aime vraiment. Un coup de foudre ! J'ai hâte. Cette semaine va être longue j'en suis certaine. Je prends le train pour aller à mon travail. Mardi, je file à la salle de sport, et le soir country. J'y suis bien. Je retrouve toutes mes amies et amis. J'adore la country, la musique et la danse. C'est super !

Le soir quand je rentre du boulot, je retrouve les mails de Dario. Il m'aime. *"Nous pourrions créer notre Club, juste pour nous"*, dit-il *"Le club des amoureux sont toujours deux"*. Les journées au travail me semblent terriblement longues. L'attente à la gare. Le train qui a du retard. Tout me paraît long, très long. Le soir je ne regarde plus la télé. Je passe la soirée avec Dario sur Messenger. Je suis amoureuse.

Vendredi arrive. C'est mon dernier jour de travail pour cette semaine. Je suis sur le trajet du retour. Je suis dans le train. Je ferme les yeux. Je rêve. Ce soir Dario va me donner le trajet pour aller chez lui en Suisse. Demain, je serai près lui. Je suis heureuse. Je courrais presque de la gare à mon domicile. Je suis si pressée de prendre mes bagages et partir.

Je gravis l'étage qui sépare le rez-de-chaussée de ma porte d'entrée. Je tourne la clef dans la serrure. J'allume mon ordinateur avant même d'enlever ma veste et poser mon sac. Et puis, je le vois. Il m'attend déjà sur la webcam. Je suis heureuse et je lui dis. J'ai hâte de le revoir, lui aussi. Il me donne le trajet que j'ai à faire pour aller jusque chez lui. Quand tu arrives à Pontarlier tu m'appelles pour que je parte de chez moi. Dès que tu auras passé la douane, tu m'attendras au bout du village de L'Auberson sur un parking de bus. Je note tout sur un papier afin de ne pas me perdre et arriver au plus vite.

A la vue du trajet sur Internet qui indique deux heures, je lui annonce que j'arriverai vers 8h30 à l'Auberson. Je prépare mon sac. Il ne faut pas grand chose, mais est-ce que nous allons faire de la moto ? Nous balader à pied ? Il aime la marche. Ou en voiture et où ? Je ne sais pas. Alors je dois penser à prendre ce qui est nécessaire pour toute éventualité. Je ne mange pas, je grignote. Nous continuons notre discussion sur Messenger longtemps, et puis il faut bien se quitter pour aller dormir.

La nuit j'ai du mal à dormir. Je vais certainement avoir une belle vie avec lui. J'y crois. J'en rêve les yeux grands ouverts. Il a tellement de charme. Il a l'air si gentil. Vais-je habiter en Suisse ? Je dois travailler encore tant d'années pour être en retraite. Et lui, combien d'années doit-il travailler encore ? Pourquoi a-t-il laissé tomber sa copine ? Autant de questions qui trottent dans ma petite tête et dont j'aimerais avoir des réponses immédiates. Nous allons apprendre à nous connaître et nous verrons ce que l'avenir nous réserve.

J'ai tellement hâte de le voir, que je suis debout à cinq heures. Je ne mets pas longtemps pour prendre une douche et me maquiller. Je descends les escaliers, je ne dirai pas quatre à quatre, comme dans toutes les histoires, car les miens, mes escaliers ils sont raides, très raides, mais je descends vite. Je traverse la petite rue piétonne couverte de pavés jusqu'à ma voiture une Renault 21 Nevada que j'adore. Je l'avais achetée avec mon ex-mari parce qu'elle avait sept places. Nous étions six dans la famille. Elle a déjà trois cent mille kilomètres et treize années mais elle roule, question moteur et carrosserie elle est nickel.

Je jette le sac dans le coffre. Me voici partie. Je roule. Je pense à ma nouvelle vie. Que va-t'il se passer dans cette nouvelle vie ? Je ne connais pas vraiment la route. Parcey, Salins-les-bains, Pontarlier, route de Lausanne. Tu fais très attention, m'avait-il dit, à la sortie de La Cluse-et-Mijoux tu tournes à gauche pour prendre direction Les Fourgs. Je roule doucement. Je fais une halte. Je m'arrête sur un parking. Je lui téléphone. Je signale que je suis presque arrivée au lieu de rendez-vous. Il est très tôt et il est surpris. Il se réveille tout juste. Comme il est aussi pressé de me retrouver, il m'informe qu'il part de suite. Il lui faut environ une demi-heure. Je passe les Fourgs, la douane et puis je traverse l'Auberson. Un quart d'heure est déjà passé quand j'arrive sur le parking des bus à la sortie de ce village. J'y arrête mon véhicule. Je descends. J'admire le paysage. L'herbe est très verte. La forêt de sapins me tend les bras.

Dans un quart d'heure il sera là. Cela me semble long, très long. Une voiture arrive. Elle se gare juste à côté de la mienne. C'est lui. Il descend. Nous nous embrassons langoureusement. Il propose de prendre la route touristique. Comme c'est beau ! Nous sommes vraiment dans la montagne. C'est superbe ! Lui aussi ! Nous aussi !

Nous arrivons à Montborget. Il vire sur la droite, un parking pour une vue magnifique ! C'est sublime ! On aperçoit sur la gauche en bas le lac de Neuchâtel. Tu vois, là-bas, c'est Yverdon-les-Bains. Moi c'est le petit village qui se trouve tout en bas. Avant d'y accéder il faut suivre une route avec de nombreux lacets. La descente est vertigineuse. Chaque virage nous rapproche de son village.

Nous arrivons à Giez. Nous longeons une scierie. Nous tournons à gauche, puis encore à droite. Au bout de l'impasse, il stoppe la voiture devant sa maison. Elle paraît petite mais en fait, elle est grande, très grande. Nous entrons par la porte de service comme il dit, une petite porte sur le côté, celle où l'on doit se déchausser avant d'arriver à la salle à manger. Je franchis donc la porte de sa maison pour la première fois le 25 mai 2007.

Nous pénétrons d'abord dans la cuisine. Dario propose un café. Il n'a pas pris le temps de le prendre quand je l'ai appelé tout à l'heure. Il était aussi pressé que moi. Je vois une petite chatte rousse dans un carton. Je lui demande si c'est à lui. *"Non c'est à Micheline, je la garde. Elle est partie à un séminaire. Elle m'a demandé de lui garder".* Je la caresse, elle est belle. Il me demande ce que j'attends de lui. Lui a beaucoup pensé à moi. Je suis son petit rayon de soleil. Il aime comme je m'amuse, comme je ris, comme je danse. C'est vrai, je bouge toujours, je blague toujours, je rigole toujours. J'aime tout le monde et tout le monde m'aime. Nous échangeons un peu plus sur nos familles, nos amis, notre vie professionnelle, nos passions... Lui, tient un bureau d'études de conseil en chauffage. Il réfléchit déjà comment organiser notre vie alors que rien n'est encore prévu entre nous. L'échange de deux baisers ne permet pas de tout chambouler en deux jours.

Chaque pièce de la maison que nous visitons est accompagnée d'un baiser tendre. Il pose mon sac dans la chambre sur le lit. Nous nous installons sur le canapé du rez-de-chaussée. Ce sont de longues étreintes que nous échangeons. Nous pénétrons dans une petite chambre servant de petit salon. Il me sert un thé. Puis nous nous enlaçons tendrement. Les caresses suivent l'étreinte, l'amour vient enfin... Dario sait très bien ce que je resssens et je ne le repousse pas. Nous terminons dans la chambre. Je suis amoureuse. Lui aussi me confie-t'il. L'après-midi, il me fait une confidence. J'ai déjà roulé avec lui sur la Goldwing, mais cet après-midi c'est en Harley Héritage que nous allons faire une sortie. Je ne connais ni cette moto, ni la région. C'est très beau.

Le soir, il propose de prendre un bain tous les deux. Il installe   une dizaine de petites bougies sur le lavabo et autour de la baignoire. Il insère un CD de musiques amérindiennes dans le lecteur. Il sait déjà ce que j'aime. Je pense qu'il est très romantique. Vient le moment des confidences.

Combien d'hommes as-tu eu dans ta vie ? me demande-t-il ? Je n'ai rien à cacher.

Mon premier amour, j'avais dix-huit quand je l'ai connu. Il ne m'avait pas cru quand je lui avouais que c'était la première fois. Il m'a respecté. Quand tu seras prête, alors nous le ferons. Jamais il ne m'a obligé à aller plus loin dans sa relation. Et puis un jour, certainement dû au respect qu'il éprouvait pour moi, je me suis laissée faire. Il a été gentil, doux, m'a donné mille explications avant de passer à l'acte. Ce n'est que plus tard que j'appris qu'il était marié et avait une petite fille. J'étais effondrée. Malgré toute la confiance que j'avais, j'ai été trahie. Trahie par mon premier amour. Moi qui avais tant hésité. Moi qui avais cru en lui. Moi qui m'était donnée toute entière parce que j'y croyais fort. J'ai cru que le ciel me tombait sur la tête. Il avait beau dire qu'il m'aimait. Il avait beau promettre qu'il reviendrait me voir, ce qu'il a d'ailleurs fait plusieurs fois. Et puis, un jour, plus rien. Je n'avais plus envie de le voir. Je me sentais sale parce que j'avais trahi un couple. Je ne voulais surtout pas être celle qui cassait un amour déjà existant. Je ne répondis plus à ses lettres.

Au retour, je revis Romain, un ami de Saône-et-Loire. Nous avons juste flirté ensemble, mais longtemps. Il n'y a jamais rien eu de plus avec Romain. Nous nous faisions beaucoup de confidences, c'était plus que de l'amitié. Nous nous aimions mais nous tenions à respecter cette amitié que nous avions. Cela va vous paraître bizarre, mais c'est ainsi. J'avais un peu peur de m'engager dans cet amour avec lui. Je ne peux l'expliquer. Peut-être avais-je peur de perdre une amitié sincère entre nous ? Ou peut-être me fallait-il plus de temps ?

Il m'écrivait, je lui répondais. Et puis un jour plus rien. J'appris beaucoup plus tard que ma mère cachait mon courrier et je lui en ai beaucoup voulu. Je n'ai jamais revu Romain, je pense que tous les deux, n'ayant plus de nouvelles de l'un ou de l'autre, nous nous étions fait une raison, celle de faire notre vie chacun de notre côté. Je ne considère pas Romain comme un amour vrai. J'ai voulu en parler car il a été très présent dans ma vie.

Et puis il y a eu mon ex-mari. Gentil au début, mais vite agressif, violent même. J'ai eu des bons moments avec lui. J'ai eu aussi les plus beaux cadeaux qu'une femme puisse obtenir d'un homme : des enfants... mais j'ai eu également de très mauvais moments avec lui, jusqu'au jour où mâchoire brisée, j'ai décidé de le quitter.

Je n'ai eu que deux hommes dans ma vie. Dario est le troisième. Il a du mal à me croire. Pourtant c'est vrai.

A mon tour de lui demander combien il a eu de femmes.

Trente années avec sa femme Marie-Anne, dont il a eu deux enfants, Sarah et Miguel. *"C'est elle qui m'a quitté"* me dit-il. *"C'était une salope. Elle sortait avec des mecs et me laissait toujours tout seul. J'étais malheureux".*

"Il y a eu Francine. C'était la mère du copain de ma fille. Elle souffrait d'être seule". C'est ma fille, qui, voyant que j'étais malheureux d'être seul aussi me l'a présentée. Dario arrive encore au bon moment. Il l'aide. Il lui fait des cadeaux, lui offre des vacances, ils s'invitent chez l'un et chez l'autre, puis tout en gardant son appartement, elle s'installe chez lui. J'apprendrai plus tard que Francine était la maîtresse de Dario.

Arrive Béatrice. Elle a pris un détective privé et fait remarquer à Dario que son mari sort avec sa femme qui décide de partir et de s'installer avec son amant. Petit à petit Dario se rapproche de Béatrice. Francine, jalouse, est mise de côté. Au terme de trois années de vie commune, il lui demande de partir à cause de sa jalousie maladive. Dario a-t-il d'autres aventures à ce moment-là ? Je ne saurais le dire.

Béatrice a une fille de huit ans. Dario l'élève comme sa propre fille, leur offre des vacances, part aux Maldives, aux Canaries... Pourquoi l'a-t-il quittée ?

Dario quitte Béatrice, sous prétexte qu'elle est grosse et que sa fille est de plus en plus une *"emmerdeuse"*. Le dimanche, il ne supporte plus les balades en famille autour du village. Il me dit avoir vécu quatre ans avec elle. Plus tard, j'apprendrai qu'ils sont restés sept ans ensemble. Pourquoi mentir ?

Il la quitte pour Lizbeth qui danse la country. Il a discuté avec elle. *"Elle n'est pas jolie"*, dit-il. *"C'est un garçon manqué, mais je pensais que l'intelligence pouvait passer au-dessus du physique"*. Il reste une petite année avec elle. Quand je lui demande pourquoi il l'a quitté il ose me répondre *"Je n'aimais pas son nez"*.

Ce n'était pas la seule raison. Entre temps, il tombe amoureux d'une cliente qui n'est pas très heureuse dans son couple. Ils restent ensemble deux années. Il me confie qu'il n'aimait pas ses propos chamaniques et puisque j'arrivais dans sa vie, cela lui donnait l'excuse de la faire partir.

Je calcule ses années. Il en manque. *"Es-tu resté longtemps seul ?"* *"Jamais"* répond-il. Pourtant en comptant il y a des trous. Je n'insiste pas. S'il ne veut rien dire, c'est son choix.

Après toutes ces confidences , nous sortons du bain et descendons prendre un apéritif. L'amour est bien présent entre nous. Nous nous enlaçons sans cesse. Je crois que nous nous aimons à la folie, du moins pour ma part c'est ainsi que je le qualifie.

Il fait des promesses, me demande de quitter mon travail pour venir habiter près de lui. La réponse que je lui fournis est de penser à ma retraite. Je dois encore travailler plusieurs années. Il promet d'assurer ma retraite si je viens habiter près de lui , me promet même un permis de séjour, me promet déjà le mariage, partir à la Mer Rouge en voyage de noces, la Corse qui est un rêve, des voyages, vivre, ne vivre que nous deux...

Je lui confie que je dois réfléchir. Ma vie m'a déjà tellement joué de mauvais tours. Cela fait trop d'un coup. Et puis je viens de me séparer. Le divorce n'est pas encore prononcé. Cela risque d'être un peu long. J'ai aussi porté plainte contre mon ex-mari pour violences conjugales. Il va y avoir un procès. Je ne veux surtout pas me précipiter dans une nouvelle relation.

Nous regardons un peu la télévision en prolongeant l'apéro. Nous continuons nos étreintes. Je suis tellement bien. Il est si charmant. Il me plaît. Que m'arrive-t-il ? Le lendemain, je propose de faire à manger. Je l'ai prévenu. Je ne suis pas une experte en cuisine mais je peux faire quelque chose. Il veut bien que je l'aide. *"C'est bien de faire à deux"* me dit-il. Oui, c'est bien. Je me rends compte que tout ce que je fais est suivi d'un reproche. *"Non, il ne faut pas couper les tomates comme cela, je vais te montrer"*... *"Ma mère faisait comme ça"*... *"Eh bien moi la mienne faisait comme ça, j'ai fait la même chose et cela n'a pas empêché mes enfants de grandir ". "Regarde tu as mis cela par terre ! Maintenant, tu vas en traîner après tes chaussures. Laisse-moi faire, tu ne sais pas "... "Il faut surtout ranger au même endroit, je ne veux pas passer mon temps à chercher mes affaires "...*

Alors je le laisse faire et le regarde. Il aime bien que je le regarde. Que l'on s'intéresse à lui et à sa fierté. Un peu trop à mon goût. Toujours LUI, jamais MOI.

Je pense tout de même que j'ai de la chance. Il m'a choisie alors que je sors d'une période très difficile.

Dimanche. Nous repartons, toujours en moto, arpenter l'autre rive du lac. Nous visitons Payerne... Estavayer-le-Lac... Nous nous arrêtons parfois, juste pour échanger encore un baiser. Comme cela passe vite C'est déjà le soir. Il fait chaud. Nous plongeons dans la piscine et faisons l'amour dans l'eau. Oui, vraiment, c'est l'amour fou ! Il y a des arbres tout autour. Nous sommes tellement bien que nous ne pensons même plus que l'on pourrait nous regarder. C'est la première fois que ça m'arrive. J'ai l'impression de redevenir une adolescente. J'ai aussi l'impression de redécouvrir l'amour. J'ai déjà oublié un peu de mon passé.

Je suis bien. Je ne pense qu'à nous. Ces quatre journées passent très vite. Discussion, confidences, rêveries... baignades, transat, apéros au bord de la piscine...

Je suis si bien que je n'ai pas envie de retourner à Dole ce mardi. Je dors encore à Giez. Je suis heureuse. Finalement, je partirai demain matin et j'irai directement au travail à Besançon depuis la Suisse. .

Dario me prévient que Micheline va venir dans la semaine chercher son chat. Je ne dois pas m'inquiéter. Il n'y a plus rien avec Micheline. Je rentre à Dole après avoir passé ma journée à Besançon. J'ai mal. Je suis amoureuse mais si loin et quatre jours avant de le revoir. C'est terrible. L'idée qu'il revoie Micheline me fait un peu frissonner. Mais... elle ne vient que pour le chat.

C'est lui qui doit venir sur Dole le week-end prochain. Je l'attends sur le parking d'une grande surface. Nous sommes heureux à l'idée de nous retrouver déjà. Nous allons nous promener sur Dole. Le midi, nous mangeons chez mon amie Janik à Mont-sous-Vaudrey. Soudain Dario annonce que nous devons rentrer. Il avait promis à Pierrick de participer à l'anniversaire d'une fille qu'il avait connue quelques jours auparavant, Aïcha. *"Nous devons y aller"* me dit-il, j'ai promis. Pourquoi ne m'en a-t-il pas parler plut tôt ? Avait-il peur de me l'annoncer ? Pourquoi ces cachoteries ? Qu'importe ! Je ne peux l'obliger à se désister mais quand même... je n'apprécie pas trop. Il ne souhaite pas aller chercher un cadeau. Je l'y oblige presque. Cette photophore sur un plateau fera très bien l'affaire. *"Ce n'est pas la peine"*, dit-il. *"On ne va pas faire un anniversaire sans cadeau"* lui répondis-je. Nous attendons Pierrick devant le snack d'Yverdon-les-Bains. Pierrick arrive avec Clarissa, un autre couple et Aïcha. Nous prenons deux voitures. Aïcha veut à tout prix monter avec Dario. Dois-je monter devant ou derrière ? Je m'installe devant. Aïcha est assise juste derrière. Je comprends très vite que Pierrick est désolé. Il n'était pas au courant de notre couple. Aïcha est seule et apprécie Dario et vice-versa. L'idée pour Pierrick de faire un couple avec Dario et Aïcha me vint à l'esprit. Dario ne voulait pas aller acheter un cadeau, c'est parce que le cadeau de Aïcha lui était déjà offert bien avant que je sois présente. Tout était prévu depuis longtemps déjà. Je ne savais rien. Un super cadeau, soirée restaurant avec spectacle de crime, un jeu dans la salle où nous devons découvrir un criminel. 100 Frs/personne. Un beau cadeau pour une fille qui n'est pas à ses côtés. Le retour se fait avec une Aïcha, derrière lui, qui fredonne une chanson de sa propre invention, en caressant les cheveux de Dario, en le remerciant pour cette superbe soirée, elle aime les hommes, enfin, bref, la description de Dario. Lui ne dit rien. Je lui fais remarquer que je suis mal à l'aise et qu'il pourrait se mettre à ma place pour me protéger. Une petite phrase murmurée de Pierrick à Aïcha, me fait lever la tête. *"Ne t'inquiète pas, elle habite Dole et ne restera pas longtemps ici"*. Je les regarde. Ont-ils compris que j'ai entendu ? Là encore je ne réponds rien.

Je n'arrive pas, malgré mes questions, à savoir comment il a connu cette Aïcha et s'il y a eu quelque chose avec elle, pour qu'elle agisse comme cela et qu'il lui fasse un cadeau de cette valeur. Il détourne par trois fois ma question en m'embrouillant sur un autre sujet que je ne saurais vous expliquer parce qu'incompréhensible. Plusieurs fois dans les mois à venir je lui poserai   la question et jamais il ne me donnera la même réponse.

Je n'insiste pas davantage. Après tout, il est resté collé contre moi toute la soirée. Nous avons dansé ensemble, Il m'a embrassée devant elle. Cela prouve bien qu'il tient à moi. Je n'en parle pas plus.

Chaque soir après mon travail, je me mets directement sur mon ordinateur, Messenger. Les premières discussions seront plus pour les échanges de *"Comment installer la webcam pour se voir en discutant"* parce qu'il a changé de matériel. Nous discutons chaque soir jusqu'à minuit. Le bonheur. Que c'est chouette Internet ! L'amour même lointain peut paraître si près. Il me rappelle que Micheline est venue. Je n'en parle pas pas. Je n'en n'ai aucune envie.

Le lendemain, Dario m'informe que Pierrick est venu chez lui avec une copine et Aïcha. Je ne peux m'empêcher de penser à la soirée, la chansonnette dans la voiture, la réflexion de Pierrick. Dario serait-il capable de me tromper ? A-t-il eu une aventure avec elle ? Pourquoi est-elle là ? Je suis un peu plus intriguée sur elle, mais comme je l'ai déjà dit, il a suffisamment montré qu'il m'aimait devant elle. Peut-être espère-t-elle avoir ma place ? Peut-être est-elle persuadée que je ne reviendrai pas. Dario dit qu'Aïcha me trouve sympa. Aujourd'hui avec du recul, était-ce la vérité ?

Je reviens le week-end d'après. La première chose que je vois est le chat. Micheline n'est-elle pas venue chercher son chat ? Non me dira-t-il, elle est venue, mais elle n'a pas pris son chat car elle repart le week-end prochain, alors je le garde encore. Qu'est-elle vraiment venue faire cette semaine alors ? J'imagine qu'elle n'est pas vraiment partie d'ici. Je lui dis. Il promet de lui demander de prendre tout d'un coup quand elle reviendra.

Cette semaine il pleut. Dario me fait mettre un vieil imperméable, des bottes en caoutchouc et me propose d'aller faire le tour du village. Il y a quelques temps, ce vieux manteau je ne l'aurais jamais mis, mais je suis si heureuse d'être là que je n'y pense même pas. Je suis prête à faire tout ce qu'il veut. Nous partons main dans la main. Il dit bonjour à tout le monde sans s'arrêter. Au coin de la rue, quatre personnes discutent ensemble. Dario les salue et emboîte le pas. J'entendrai alors une remarque qui restera gravée à partir de ce jour dans ma tête. *"Encore une nouvelle ?"*. Parlaient-ils de moi ? Là encore, je me rassure. Il m'a choisie et rien ne pourra nous séparer.

Ces deux jours se passent, toujours accompagnés de réflexions. Je me demande comment je dois les prendre, mais je pense que c'est désagréable en même temps. Cette semaine je vais manger avec des amies avant d'aller à un bal country. Je leur parle de mes sentiments mais... aussi de ces petites choses qui me dérangent un peu. Alors en rigolant, mes amies se prêtent au jeu et me disent *"Allez Katy, on va jouer à Dario, comment faut-il couper les tomates ? et ça il couperait comment ? Et comment fait-il pour faire ceci ou cela ?"*

Cela devient un jeu et une belle ambiance. Nous rions. Chaque fois que nous nous retrouvions, nous imitions Dario.

La semaine passe encore assez vite avec toujours la même idée de Messenger chaque soir.

J'annonce à Dario que j'arriverai samedi. J'arrive le vendredi alors qu'il m'attend sur Messenger.

Une belle surprise ! Micheline est venue chercher son chat. Elle a terminé son déménagement. Mais elle va passer cette semaine chercher des affaires. Décidément, il m'avait dit qu'elle n'habitait pas là ! Maintenant, elle vient chercher des affaires toutes les semaines. Que dois-je penser ? Je ne dis rien mais j'y pense. J'ai en moi, un étrange sentiment qu'elle n'est jamais partie. Me ment-il ? Est-elle là la semaine pendant que je travaille ? Il me répète qu'elle fait des séminaires chamaniques tous les week-ends. Et le reste de la semaine ?

Balades, motos, baignades, amour... Tout est bien pour avoir une belle vie. Que demander de plus ?

Quelques jours plus tard, en arrivant, une mauvaise surprise m'attend de nouveau dans la cuisine. La chatte, Dolly est de nouveau ici. Je suis en colère. Je lui demande ce que cela veut dire. Il ose me raconter cette fois que le chat est revenu tout seul, qu'il l'a touvé derrière la porte-fenêtre, le même carton, la même couverture. Alors là je n'y crois pas. Micheline déménageait tout à fait à l'opposé de la maison qu'elle habitait et le chat aurait trouvé son chemin tout seul... avec le carton et la couverture dans la gueule. Il se moque de moi. Il certifie que c'est ainsi. Si je ne veux pas le croire alors tant pis pour moi Je suis fâchée. Les deux jours ensemble sont tristes à mourir. Je retourne à mon travail, mais déjà le coeur n'y est plus. J'ai le sentiment qu'il me ment, mais pourquoi ? Son idylle avec elle est-elle vraiment terminée ?

Le soir il me montre des photos de Micheline, allongée sur un rocher, n'ayant sur elle qu'un voile transparent laissant apparaître son corps nu. Pourquoi me montre-t-il cela ? Il me dira *"tu vois elle est folle, elle pense que les rochers vont lui apporter de l'énergie"* Mais pourquoi envoie-t-elle encore des photos si cela est fini ? J'ai le droit de me poser cette question. Voyant mes doutes s'insérer en moi, Dario me montre un mail reçu d'elle après qu'il lui ait demandé comment se faisait-il que le chat soit revenu chez lui.

Voici le message qu'elle répond cinq mois après notre rencontre :

"Que nos rapports sont froids maintenant ! C'est Paul qui a laissé le chat car il n'en voulait pas et je savais que je revenais. Je ne savais pas que nous nous séparions. Tu m'as

fait vendre ma maison de Novalles car tu as promis que j'allais vivre avec toi. Maintenant, tu me laisses seule. J'aurais pu entretenir le chalet. Peux-tu me le prêter, afin que je puisse y passer du temps avec mon groupe chamanique ?" Dario me pose la question. Pourquoi ? Il y a déjà Béatrice au chalet, maintenant Micheline Qu'est-ce que cela veut dire ? La seule réponse que je lui dis *"C'est elle ou moi".* Elle a encore échangé quelques mails avec Dario. Elle a fini par acheter un petit appartement avec l'argent gagné sur la maison. C'est ignoble ce qu'il a fait. Il ira même l'aider à déménager. Plus tard, elle le revendra pour acheter un mobil-home au bord du lac. Cela m'a fait mal pour elle. Je n'ai pas douté un seul instant qu'il pouvait faire la même chose avec moi.

Le chalet dont elle parle, est un petit chalet au milieu d'un hectare de terrain agricole, et il appartient au père de Dario. Il l'avait construit lui-même, de ses propres mains. Il l'entretient car son papa est en maison médicalisée et n'a plus la force de s'en occuper. Il se situe à une vingtaine de kilomètres de la maison sur un hectare de terrain. Ce petit chalet, je devais vous en parler car nous en reparlerons dans mon histoire.

Le vendredi, je n'ai pas le coeur à aller en Suisse. Je suis triste. Je me suis trompée de médicaments. Au lieu de prendre celui que je prends chaque matin pour la thyroïde, j'avale un somnifère. Je me réveille à dix-sept heures. Je n'ai pas été au boulot et je n'ai pas prévenu mon patron. Dario qui a appelé au travail sait que je ne m'y suis pas rendue.

Il se fait du souci et demande à un ami de venir me voir. Mick arrive et me parle. Il me confie certaines choses que je ne répéterai jamais. Dario vient le lendemain me voir à Dole. J'ai peur de m'engouffrer dans une aventure qui n'en vaudrait pas la peine. Je ne veux pas partager.

Pourtant le week-end suivant, je retourne en Suisse. Dario insiste pour me montrer des photos de sa vie vécue précédemment. Il me montre des photos de la Corse. *"Tu étais seul ?"* lui demandais-je ? *"Oui j'y suis allé trois fois et uniquement avec des copains"*. Les photos défilent. De magnifiques paysages de la Corse. Je rêve d'y aller. *"Je t'emmènerai, je te promets"* me dit-il. Et puis une photo passe, je lui demande de revenir en arrière. J'insiste sur le fait de savoir s'il était seul. Il me certifie que oui, alors je lui demande à qui est ce bras avec un tee-shirt rose qui se reflète dans le rétroviseur de la moto. Il rougit et il est un peu vexé. Ce qui s'est passé avant et avec qui il était, je m'en moque mais le mensonge, je ne supporte pas. Je sais maintenant qu'il ment, je dois me méfier. Puis, il m'avouera que nous ne pourrions plus aller sur Payerne, car elle habite cette région. Nous ne pourrons aller à un festival country car elle y participe. Elle n'avait pas apprécié d'être larguée et serait capable de lui donner une gifle. Il fallait donc penser à lui et non à moi qui aimait cette musique. Je lui demande pourquoi il l'a quittée. Il me dit qu'il n'aimait pas son nez. Moi, je pense qu'à chaque fois qu'il a quitté une femme, c'est pour une autre.

Un mois seulement après notre rencontre, Dario décide d'inviter tous mes amis au chalet, pour me faire plaisir. Ils me manquent tous. Ils ont tous été présents, à mes pires moments. Je les aime tous. Je dois rapporter des courses régulièrement de France. Il est plus intéressant d'acheter en France, tout est beaucoup moins cher. L'alcool et la viande sont limités pour le passage de la douane. Chaque week-end, je rapporte viande, saucisses, merguez, apéritifs, bières, vin, jus de fruits, tout ce qui est nécessaire pour un bon week-end. *"Il me* *remboursera", me dira-t-il ! Jamais il ne le fera. C'est lui que tout le monde remerciera au départ. Au bout du compte, pour un week-end, j'aurai tondu tout le terrain, un peu plus d'un hectare, j'achèterai tout pour une quarantaine de personnes. Il ne faut surtout pas qu'il manque quelque chose. J'installerai la table. Lui préparera l'apéro, il pourra discuter avec les autres... Il me reproche déjà de rire, de blaguer, d'être trop près de mes amis... Il veut qu'on le regarde LUI. C'est sa fierté ! Un peu trop à mon gôut ! Pourquoi n'ai-je pas le droit de m'imposer ?

Avait-il ici déjà préparé ma destruction ?

Il a invité son ami Laurent Boulot. La fierté de me montrer, ou la fierté de dire qu'il a trouvé une nouvelle femme et se réjouir de pouvoir en tester une autre jusqu'à la prochaine ? Avant que Laurent n'arrive, Dario me raconte qu'il change de femmes régulièrement et qu'il les fout à la porte sans rancune. Il m'avoue que la dernière a tellement souffert qu'elle s'est suicidée.

Laurent se met au barbecue. Pendant ce temps, nous conduisons nos amis motards et trikers à la découverte de la Suisse.

Nous rentrons de la balade. Dario sert l'apéritif et discute un peu avec tout le monde. Je prépare la table, les salades... S'installer autour du feu pour faire cuire les grillades est quelque chose qui m'a été interdit. S'asseoir autour des flammes pour discuter et chanter, pas question pour moi. Je dois préparer le reste. Pour recevoir du monde, je veux que tout soit bien. Alors, je me tais, je me mets de côté. Finalement, il a le beau rôle. A moi, maintenant le rangement et la vaisselle !

Le soir, le temps du repas, mes amis m'offrent des cadeaux. Je suis très appréciée de tous et je rigole avec eux des bons souvenirs passés dans les précédentes balades ou concentrations. Je vis un moment de bonheur intense. Trop au goût de Dario mais je ne le vois pas encore.

Dès le début, Dario me fait remarquer que je rigole trop avec mes amis et qu'il aimerait pourtant que je sois plus à côté de lui quand ils sont tous là. Nous sommes très près l'un de l'autre en temps normal, alors il ne comprend pas que j'agissse comme cela quand il y a du monde. *"Je promets de faire attention"* lui dis-je.

Le soir encore, on lui envoie des mails pour le remercier. A aucun moment, j'obtiendrai de lui un mot gentil pour le bon déroulement de la journée.

Régulièrement, ce sont des échanges d'invitation entre mes amis chez l'un chez l'autre durant les quelques mois qui suivent.

Le soir, en semaine, régulièrement, Kyky m'invite à manger vers elle. J'aime beaucoup Kyky. Elle a la particularité d'être franche. Elle dit ce qu'elle pense, même si cela peut faire mal, si bien que l'on ne peut lui en vouloir. Dario n'aime pas Kyky à cause de cela. Il n'a pas confiance en elle. Une fois il lui avait écrit pour lui dire que je n'appréciais pas la venue de Micheline et l'histoire avec son chat. Il ne voulait surtout pas que je sache qu'il avait échangé avec elle. Kyky me l'avait dit. Elle ne voulait pas jouer à son petit jeu. Dario, me met une étiquette de jalousie pour me culpabiliser et se disculper de cette pathologie qui lui est bien destinée pourtant ? Pourquoi joue-t-il avec mon cœur et ses ex ? Pourquoi en parle-t-il sans cesse ? Et pourquoi en éprouve-t-il le besoin d'en parler à mes amies ?

Les week-ends, lors de soirées danse country, Dario est toujours présent. Il espère avoir du monde autour de lui, mais voilà il ne danse pas, et la danse country se danse seul. Tout le monde ou presque se trouve sur la piste dès les premières notes de la musique. Que pensait-il ? Que d'autres resteraient près de lui, pendant que j'irais danser ? Il avait beau jouer de son charme. Mais... la passion de la danse passe au-dessus de son charme et il est vexé. Dès lors, puisque je vais aux entraînements à Dole, nous ne devons plus aller aux soirées country. Lui proposer que je puisse aller seule avec mes amies est inutile. Nous resterons seuls les week-ends. Par honte de dire la vérité à mes amies, je leur trouve toujours une excuse, et puis que pensent-elles ?   Moi, je me sens une petite fille punie... de vivre une passion...

Chaque fois que je viens en Suisse, nous faisons des balades autour du lac en moto ou parfois à pied, main dans la main, ou encore dans les hauteurs de la montagne.

Nous sommes très fusionnels, un peu trop même et je le ferai remarquer à Dario. A peine descendue de voiture, il me prend la main et me tire contre lui, comme s'il avait peur de me perdre.

Nous découvrons Morges, Genève, les Alpages avec les délicieuses fondues, les concentrations en Suisse comme en France, retrouver mes amis qui deviennent nos amis.

Week-end de la tramju à Champagnole. Mes amies doloises m'invitent à y participer. Trois trajets de randonnée sont présentés, treize, dix-sept et vingt-et-un kilomètres. Dario trouve que ce sera un peu long. Il essaie de me dissuader d'aller. J'ai surtout envie de revoir mes amies et profiter d'une belle sortie. La météo annonce une journée ensoleillée. Il ne veut pas me laisser aller seule, alors il se sacrifie. Pour faire bien devant elles, il dit qu'il aime beaucoup. Il dit même que je ne n'avais pas envie de venir. Si nous sommes là, c'est grâce à lui. Pourquoi joue-t-il ce petit jeu-là ? Pourquoi dit-il le contraire ?

Le train des Hirondelles nous conduit sur les hauteurs du Jura. Le but de la randonnée est de revenir sur Champagnole. Certains monteront à bord du train avec leur VTT. VTT ou marche, chacun à sa guise. Tout est autorisé. A une halte gourmande, avec mes amies, nous rigolons avec un groupe de saltimbanques. Nous prenons des photos, je dirais même en faisant les imbéciles. Cela n'a pas trop plus à Dario. Quoi ? Faire les imbéciles ? Même pas. Il ne supporte pas l'idée d'avoir été mis de côté quelques instants... Pour la fin du trajet, il fera remarquer qu'il a mal au pied, jusqu'à s'arrêter, s'asseoir, enlever ses chaussettes, demander un massage... Les amies le charrient, rigolent avec lui. Il est content, on s'occupe de lui. A l'arrivée à Champagnole, seize heures de l'après-midi, nous faisons la *"queue"* à la cafétéria de l'association pour prendre une grosse assiette de spaghettis offerte par le Club de la Tram'ju. Dario ne veut pas manger à l'intérieur et me pousse à l'extérieur pour manger sur l'herbe, juste nous deux. Cela me convient très bien.

Nous rentrons directement en Suisse. Apéros et baignade dans la piscine. Dario sort de l'eau. Il attend pour prendre l'apéro. Je dois absolument sortir en même temps que lui. *"C'est cela le respect"*, dit-il. Je prends la serviette qu'il me tend et je cours chercher des verres. *"Ce n'est pas ceux-là qu'il faut prendre"* Ceux-là sont mieux. J'aurais mis ceux-là, ç'aurait été les autres… Nous n'allons pas nous fâcher pour des verres ? Je m'exécute sans rien dire.

Pendant ce temps, Dario sort une carte et me demande quelle région m'est inconnue ? Où souhaites-tu aller ? Je n'en n'ai aucune idée. As-tu déjà été en Ardèche, me dit-il ? Non, c'est vrai, c'est une région où je n'ai jamais mis les pieds. J'apprécie. Nous regardons la carte. Par où irons-nous en moto ? Il montre tout un itinéraire de Giez à Genève et Genève à Lyon par autoroute. Puis nous bifurquerons pour prendre des Nationales. Il est vrai qu'en moto, il est plus agréable de voir les paysages sur les petites routes.

Le dernier week-end avant le départ en vacances. Dario change les draps du lit. Pourquoi changes-tu encore les draps ? Nous les avons changés il y a deux semaines et nous partons dans huit jours ? Une idée tourne dans ma tête. Je sais que Micheline est encore passée chercher des papiers cette semaine. Je doute. Non, ma fille. Il est avec toi. C'est toi qui vis avec. Je passe ce petit incident et n'en parle plus jamais.

Juin et juillet de cette année sont deux mois merveilleux. Moto à deux. Vacances à deux. Apéro sur la terrasse. Baignade dans la piscine. Ebats érotiques dans le bassin. Ce qui m'arrive est quelque chose de fantastique. Le bonheur arrive donc pour moi.

Mes congés sont du 20 juillet au 20 août. Je ne peux pas choisir mes vacances. L'entreprise ferme et les dates sont fixes. Je passe tous les week-ends chez mon chéri. Juillet arrive. Dario a fait contrôler la moto. La Goldwing est prête.

Nous partirons dimanche. Nous avons samedi pour nous préparer. Que peut-on emporter sur une moto en vacances ? Quels vêtements doit-on prendre ? Y aura-t-il assez de place pour mettre nos affaires perso et la tente, ainsi que les sacs de couchage ? Dario, lui, est habitué. Il sait comment charger la moto. *"Evite de prendre trop d'affaires"*, dit-il, *"deux ou trois changes une trousse de toilette et un pull pour le soir. Choisis des effets qui ne se froissent pas et sèchent vite. Nous laverons sur place"*. Nous commençons à charger la tente et les sacs de couchage sur la moto. Pour le reste, cela nous laisse encore la soirée pour réfléchir et ne rien oublier. Nous nous mettons à table pour manger un yaourt. Dario regarde encore la carte et règle son GPS.

Dimanche. Nous ne nous pressons pas pour partir. Tout est fait calmement. Cela me change vraiment de ma vie passée. Nous devions toujours nous dépêcher au risque d'oublier quelque chose. Quelques dernières vérifications avant le départ : eau fermée, lumière éteinte dans toutes les pièces, le gaz, sacoches avec papier et argent, appareils photos... et alarme au dernier moment.

Le rêve. Nous partons pour plusieurs jours, direction Ardèche. Dario me promet même une surprise.

Entre Giez et Genève, je tends les bras en l'air et je crie *"Vive la liberté"* sur la moto.

Ma nouvelle vie ! Que va-t-elle m'apporter ?
Nous arrivons en Ardèche le soir, Les Vans. Nous attendons Claudius et Rosine qui doivent nous rejoindre en moto pour diner et terminer les vacances ensemble. Nous installons notre tente, et allons faire un petit tour en moto. Nos amis n'arrivent pas. Dario essaie de les appeler. Pas de

réponse. Nous espérons qu'ils n'ont pas eu d'accident. Vingt heures. Nous sommes toujours au camping et toujours pas de motos en vue. Nous prévenons l'accueil que des amis suisses doivent arriver. Nous leur montrons où nous avons installé notre tente. Nous allons au village et nous arrêtons manger une pizza. Les tickets resto que j'ai obtenus à mon travail permettent de payer les repas. Toujours personne au retour. Les sms que Dario envoie restent sans réponse. Dario comprend enfin que ses sms ne passent pas la frontière. Le lendemain matin, nous avalons un café et filons trouver un bureau de poste afin de demander des renseignements pour téléphoner. Ouf ! Dario a réussi à les joindre. La moto de Claudius perd de l'huile. Impossible de faire réparer l'engin assez vite. Ils ont dû rebrousser chemin.

Nous restons quelques jours dans cette région pour y faire quelques balades. Dario raconte qu'il est venu avec son fils quelques années auparavant et qu'il avait flashé sur la fille de l'accueil. Quel homme charmant de vouloir raconter ses conquêtes ? Pourquoi se sent-il obligé de me confier ce genre d'anecdotes ? Je comprends qu'il aime plaire et c'est aussi pourquoi il fait toujours des compliments aux femmes.

Nous décidons de rester quelques jours pour découvrir cette très jolie région ardéchoise. *"Un jour, nous viendrons habiter dans ce coin"* dit-il !

Soudain, il pose une question. *"Préfères-tu aller près de la Méditerrannée ou près de l'Atlantique ?"* Il propose l'Atlantique, Les Landes, Biscarosse. Je ne connais pas. Alors j'accepte.

Nous remballons le matériel. Nous vérifions la carte avant de mettre de nouveau le GPS. Nous passons à la réception du camping pour le paiement. Je règle avec mes chèques vacances. Lui paie déjà l'essence.

Direction le Tarn. St-Enimié. Assise sur le siège arrière de la moto, je suis plus haute que lui et je surplombe le paysage en bas. Je prends des photos. Je clique. Je flashe. Je suis bien. Je suis heureuse... Nouvel arrêt dans un camping à St-Enimié au bord du Tarn. C'est petit mais familial et sympa. *"As-tu déjà fait du canoë ma chérie ? Non ? Alors demain nous irons !"*

Nous changeons de vêtements et nous nous chaussons un peu plus confortablement pour nous rendre au village. Un pull sur les épaules pour le retour, la main dans la main, nous nous regardons, nous nous embrassons. Nous sommes deux, je pense encore à la petite citation inventée au début de notre rencontre par Dario *"Nous allons créer un club de moto, le nôtre, les amoureux sont toujours deux !"*. Nous sommes là, seuls, tous les deux, très amoureux.

Nous cherchons un petit resto. Il faut dire qu'en cette saison toutes les terrasses sont prises d'assaut. Au bord de la route, juste au coin de la rue, une petite table, sur la terrasse, semble nous attendre. Une chance enfin de trouver cette petite brasserie sympa et familiale. Nous traînons encore un peu dans les ruelles couvertes de pavés, regardons les vitrines des magasins et retrouvons notre hébergement pour la nuit. J'ai gardé mes chèques restos pour les vacances. Nous pourrons aller manger plusieurs fois au restaurant. J'aurai le sentiment de participer à nos vacances.

Nous sommes réveillés par le chant des cigales. Je ne pensais pas en entendre ici, mais plutôt dans le sud de la

France. C'est très agréable ! Nous retournons au village prendre un petit déjeuner après avoir demandé les horaires de la descente du canoë. Dix heures. Nous sommes présents à l'embarquement du minibus qui va nous conduire en amont de la rivière au stand de location.

Après avoir retiré nos vêtements pour les ranger dans le tonneau, nous écoutons les conseils du guide. Dario prèfère que je m'installe devant. Lui derrière pourra ramer, moi je guiderai. J'ai un peu peur de ne pas savoir guider. Qu'importe ! Nous prenons tout à la rigolade et après un petit pique-nique sur une gravière et une petite baignade, nous continuons la descente du Tarn et terminons les vingt kilomètres un peu fatigués, mais heureux.

Le lendemain, nous roulons direction Les Landes. Nous nous arrêtons encore une fois dans un camping juste pour la nuit, puis Biscarosse. De nouveau un camping ! Tout payé avec mes chèques vacances. Qu'importe ! Nous longeons une grande plage de sable fin pour nous rendre dans un petit coin isolé de tout le monde. Nous ne sommes que les deux. Enfin presque. Pour la première fois, je retire mon soutien-gorge pour entrer dans l'eau. Les vagues viennent s'éclater sur mes cuisses, sur mon corps. C'est aussi agréable que beau. Dario arrive, me caresse. Nous nous enlaçons dans l'eau. Soudain, un homme arrive proche de nous. Il est nu. Il demande à Dario s'il accepte de le laisser m'embrasser. Je sens Dario jaloux et je le comprends. Il se fâche et me reproche de n'avoir rien dit. Ne dit-on pas *"On est jaloux de ce que l'on aime"*.

Les jours qui suivent sont des jours de plein bonheur. Je m'éclate en montant la dune du Pilat. Dario est à la traîne et me fait remarquer que je vais trop vite. Je dois l'attendre. Ce que je fais. Je le tire. Je le sens un peu vexé. Pour ne pas dire qu'il a du mal, il dira n'avoir pas mis les bonnes chaussures et ne peut marcher pieds nus, en me racontant le pourquoi, pendant quelques longues minutes. Je ne comprends rien à ce qu'il tente d'expliquer, mais je n'insiste pas. Je suis bien. Nous voici au plus haut de la dune. Nous nous installons pour profiter de la vue magnifique qui nous attend. C'est ici aussi, assis dans le sable, que Dario en profite pour m'informer de la fin de nos vacances. Si nous rentrons pour le cinq août, une surprise m'attend. Je ne sais pas ce que c'est. Il ne précise pas. Je ne suis pas pressée de savoir. Balade à pieds, motos, marchés artisanaux, restaurants... Je n'ai jamais passé des vacances ainsi...

Le retour se fait par la Dordogne. Quel joli département ! Il pleut ! Nous prenons un hôtel à Sarlat et nous allons marcher dans la ville le soir. Impressionnant ! Des saltimbanques aux quatre coins des rues nous incitent à participer à leur prestation, jonglerie, théâtre, cracheur de feu... Une ville très animée. Là, dans ce petit coin de rue, il reste une table libre. Nous nous y installons. A côté de nous passent des Krishna. Dario me demande ce que j'en pense, si j'aime leur façon de s'habiller. Accepterais-tu d'inviter ce genre de personne à notre table ? Non pas du tout. Pourquoi ? La soirée est un peu gâchée à la vue de ce groupe. Nous trouvons une petite auberge. La conversation est basée sur l'ex qu'il vient de quitter. Tout le repas se porte sur elle. Je suis un peu déçue. Dario ne comprend pas pourquoi. Etre en vacances et parler d'elle. Pourquoi devrais-je la voir à ma table ? Finalement la question du *"Est-elle vraiment partie ?"* me trotte de nouveau dans la tête. Au dessert, il me dira qu'elle doit être tout près car elle est venue faire un stage de chamanisme dans les Cévennes. J'espère qu'il n'est pas venu ici dans l'espoir de la voir.

Je le questionne. *"Pourquoi me parles-tu d'elle alors que nous sommes tous les deux ?"* Il répond qu'ils se sont quittés en bons termes et voulait connaître ma réaction. Qu'attend-t-il de moi ? A t-il soudainement du remords de lui avoir fait vendre sa maison ? Cherche-t-il à savoir ce qu'elle devient ? Comment vit-elle ?

Le retour se fait rapidement. Dario veut tenir sa promesse d'une surprise dont je ne connais pas encore le but. Il est fatigué. Il commence à pleuvoir. Il propose de s'arrêter un peu et s'endort un moment sur un banc. Quand il se réveille, il regarde sa montre. Il se rappelle que nous devons rentrer vite.

Ce n'est qu'à l'arrivée à Giez, qu'il m'explique. A la Roche-sur-Foron, un concours de Bluegrass est organisé ce week-end. Des musiciens de toute l'Europe viennent y participer. Je ne sais pas ce qu'est le bluegrass. Dario explique que cela se rapproche de la country. Vite nous devons nettoyer la moto, laver le linge et préparer le camping-car. Nous partons dès le lendemain matin pour une nouvelle découverte, balade en camping-car. Après l'océan, la montagne.

Le trajet se fait rapidement. Ce n'est pas très loin de chez lui, même si cela reste en France. Nous cherchons l'emplacement réservé aux camping-cars, en plein centre du village. C'est aussi là, lors de ce festival que je commence à voir un Dario qui se plaint toujours de petits bobos. Il aime bien en faire référence dès qu'il y a quelqu'un avec nous. C'est une occasion d'amener la conversation à lui et se faire plaindre.

Mais je n'y prête pas trop attention. Je suis bien. Je profite de tout.

C'est aussi là qu'il rencontre un ancien collègue de travail, musicien, qu'il n'avait pas vu depuis trente années. Les souvenirs sont heureux entre eux. Je participe à leur bonheur de se retrouver. J'écoute la musique. C'est un peu spécial, pas trop country comme je le pensais, mais je ne lui dis pas. Il avait voulu me faire plaisir et j'apprécie ce moment présent.

Le retour se fait entre Chamonix, les Alpes françaises, les Alpes suisses, le lac de Moiry. Nous garons le véhicule. Nous marchons autour du lac. Celui-ci est entouré de toutes ses belles et hautes montagnes. Le temps est gris mais il fait chaud. C'est magnifique. Je flashe encore quelques dizaines de photos dans ce coin si paradisiaque. Nous n'irons pas boire un café dans le petit bistrot, le seul au bord du lac. *"Cela coûte un saladier"*, me dit-il. Mes tickets resto n'étant pas acceptés en Suisse, nous n'entrons pas. Nous nous arrêtons sur un parking pour voir le barrage. Il fait froid. Dario décide de rentrer à Giez, en passant par les petits villages tels Zinnal… C'est ici que le portable de Dario annonce l'arrivée d'un message, le locataire du chalet qui le prévient que Béatrice, une ex, sera présente à la soirée barbecue. Dario me laisse le choix d'accepter ou non. Oui, je veux bien, cela lui permettrait de voir que nous nous aimons. Il accepte. Il insiste encore pour visiter tel et tel village… Il traîne. Il ne souhaite plus rentrer aussi vite.

Pourquoi ?

Je veux aller à cette soirée. Je veux savoir. Pierrick est quelqu'un de spécial. Il raconte qu'il vit à mi-temps. Vous ne savez pas ce que c'est ? Il vit la moitié de la semaine avec sa femme, l'autre moitié avec une autre femme. Jamais la même. Sa femme le sait. Tant pis si elle souffre ! Lui est heureux comme ça !

Dario n'a plus envie d'aller au chalet. Comment lui faire comprendre qu'il ne devrait pas avoir à choisir ? La carte *"tendresse"* que Béatrice a encore envoyée ces jours me fait mal. S'il m'aime vraiment, ce n'est pas moi qui dois-être évitée ! Ce serait plutôt elle, ne pensez-vous pas comme moi ?

Dario certifie avoir une explication avec Béatrice. Elle ne viendra plus au chalet. Le lendemain de cette soirée, je dois en avoir le cœur net. Vit-elle au chalet ? Je décide de me rendre sur place sans prévenir personne. Elle a la clef. Elle certifie être l'amie de Dario. Je lui téléphone pour l'avertir. Il comprend que je suis fâchée. Je reviens à Giez. Entre-temps, il a appelé Pierrick et j'arrive presque en même temps que lui chez mon chéri pour avoir une explication. Béatrice est venue nettoyer le chalet, tout simplement. J'apprends aussi que le jeudi Dario s'y rend. Elle est là. Il dit ne pas être au courant de sa présence. J'essaie de le croire. Tous ces petits mensonges continuent à me faire douter. Si l'on ment, c'est bien pour cacher quelque chose, non ?

J'essaie de me concentrer sur nous, sur notre amour. Nous faisons des sorties. Je m'inquiète quand arrive le jeudi car je sais que Dario se rend au chalet. Ce jeudi soir, Dario ne vient jamais sur Messenger. *"Mon ordinateur est en panne... Je suis désolé. Samedi matin, il faudra que je rattrape le retard dans mon travail"* déclare-t-il. *"Que vais-je faire pendant ce temps ?"* – *"Il y a des branches à couper"* me dit-il ! Comme cela nous pourrons aller faire un tour en moto, plonger dans la piscine et nous serons tranquilles pour un petit apéritif sur la terrasse. Soit. Je ne veux pas le contrarier. J'arrive vendredi soir pour profiter d'une plus longue soirée avec lui. A peine suis-je entrée dans la maison que je commence à avoir des petites remarques. *"Mets tes chaussures ici. J'ai vu que tu n'avais pas rangé ça là, j'aime bien que chaque chose soit rangée à sa place. Je suis chez moi et quand tu pars j'aime bien retrouver mes affaires au même endroit..."* Je m'en souviendrai. Ce n'est pas très important. Nous passons la soirée devant la télévision. Lui retourne sur son ordinateur. A-t-il encore du boulot ? Oui, dit-il ! Tout ce retard qu'il a pris cette semaine. Pendant qu'il est sur son ordinateur le samedi, je coupe les branches, je range le bois. Nous partons faire la balade en moto. Nous passons au chalet. Pierrick ne fait rien au chalet. Il est censé s'occuper de l'entretien mais ne le fait pas. Alors Dario me fait une nouvelle proposition. Si j'accepte de faire les travaux à partir de ce lundi, il demandera à Pierrick de payer. S'il refuse, il lui demandera une location et me paiera avec. J'accepte. Cela me fera de l'argent. J'en fais plus que je ne peux en faire au chalet. Les jours où il va voir ses clients, j'y travaille. Il m'annonce encore qu'il est en train de préparer pour moi un permis de travail et un permis de séjour. Il a déjà préparé les papiers. C'est très long me dit-il et tu dois être patiente. C'est bien pour moi. Cela me permettra aussi de trouver un emploi en Suisse. Le mardi, Pierrick passe au chalet. Je n'ai pas confiance en ce mec. Faire souffrir les femmes est quelque chose que je n'accepte pas. Il est accompagné de deux femmes. Il me les présente puis va discuter avec Dario. Que se disent-ils ? Je l'ignore. Je m'avance. Je me présente. Je suis l'amie de Dario. Ah bon me dit l'une d'elle, je croyais que c'était Béatrice. J'apprends par cette femme que le jeudi soir Dario était là aux côtés de Béatrice. Ils sont partis juste l'un derrrière l'autre, très tôt. Moi qui ai cru en sa panne d'ordinateur. Moi qui accepte encore de couper des branches pour qu'il rattrape son retard. Je ne lui ai jamais parlé de cette discussion. Elles détournent la conversation. Ils discutent les quatre. Je n'existe pas. J'ai le sentiment de gêner. Pourquoi ? Je commence vraiment à croire que je n'ai pas ma place ici. Dorénavant je serai méfiante. Pourtant quand nous sommes les deux, je ne pense qu'à nous et à nous seuls. Plus tard, je lui fais remarquer que je m'ennuie pendant qu'ils discutent. *"Tu n'as qu'à t'affirmer"*, me dit-il encore. Mais je le sais, si je parle, il me coupe la parole pour me rabaisser devant les autres, en disant que je ne comprends rien.

La première semaine de septembre, c'est lui qui vient sur Dole. Il y a une concentration de motos à Poligny. Mes amis du Club Moto seront là. Il ne regarde pas à faire un trajet sur Dole, revenir en Suisse, repartir dans le Jura, voir du monde, connaître du monde, mes amis, cela l'intéresse beaucoup. De son côté par contre, il me dit connaître peu de monde. Il est sauvage, dit-il.

Régulièrement, j'entretiens le chalet et sa maison, dehors, dedans… Tout est parfait. Il me le dira aussi. Cela lui permet de faire du travail. Il passe son temps sur son ordinateur. Mais que fait-il donc ?

Une soirée country est prévue avec mes amies dans la région doloise. Elles doivent rapporter une tente que je leur avais prêtée. Elles ne sont pas encore arrivées quand nous pénétrons dans la salle des fêtes de Villette-les-Dole. Je suis bien. Je suis heureuse de retrouver mes amies et danser. Je les vois arriver dehors sur le parking. Je propose à Dario d'aller mettre la tente de suite dans le coffre pour ne pas oublier. Il dit que ce n'est pas urgent. Nous le ferons à la fin du repas. Mes amies s'approchent pour dire bonjour. *"Ce serait bien que tu prennes la tente de suite"* s'adresse l'une d'elle à Dario. Il se précipite pour le faire.

Il me dit non et se précipite pour les autres ? Pense-t-il ou veut-il me faire du mal ? Pourquoi dit-il le contraire ? Cela fait quelque temps qu'il agit ainsi et je ne comprends pas. Nous nous installons pour le repas. Je vais danser avec mes amies. Quand je reviens, il me fait remarquer que lui s'ennuie pendant que je danse. Je dois rester près de lui. Plus tard dans la soirée, entouré de deux femmes qui lui faisaient la causette, il me demande d'en profiter pour danser. Il n'a pas besoin de moi. Je ne comprendrais pas leur discussion. Charmant ! Qu'à cela ne tienne ! Je file danser ! Quand je danse, quand je suis à côté de mes amies, je ne pense plus à rien d'autre. Je suis bien. Les doutes commencent à ne plus être des doutes. Je dois faire comme il décide. Je ne dois parler que de lui ! Je dois penser à lui avant de penser à moi... Je commence à découvrir ses mensonges...

Désormais, je fais attention à ce que je dis et à ce que je fais.

12 août 2007.
Date anniversaire de son père. Il est en maison médicalisée à Genève. Le cadeau habituel pour son père : aller le chercher à Genève. Une heure de route le sépare du chalet. Ce chalet qu'il a construit de ses propres mains. Dario fait ce plaisir à son père de retrouver une fois dans l'année ce chalet dans lequel il a travaillé toute sa vie. Je trouve l'idée plutôt géniale. Son père a la maladie d'Alzheimer me dit-il et il sera inutile de lui poser des questions. J'ai bien compris le message. De nouveau il faut préparer le chalet, tondre, préparer pour faire le feu. Je m'y donne à fond. Je sais que cela me fera un

peu d'argent. Pourtant, chaque travail effectué est accompagné d'un reproche. Ces petites remarques qu'ils continuent à faire commencent pourtant à me peser. Un peu, ça va encore, mais trop, c'est trop et cela comment à être déplaisant. J'essaie pourtant d'y faire abstraction. Dès que je lui en parle, il part sur un discours incohérent. Je suis intolérante sur des choses qui ne devraient pas me toucher, dit-il.

Je mets donc de côté tout ce qui pourrait me déplaire. Je ne veux surtout pas gâcher la journée d'anniversaire avec son papa. C'est le seul jour où il le voit. Il raconte qu'il a pourrit la vie de sa mère. Elle-ci s'énervait toujours parce qu'il passait trop de temps au chalet et avait peu de place dans son cœur pour sa famille.

Dimanche. Nous prenons la Jeep, direction Genève. A l'arrivée, son père nous attend dans le hall. Nous discutons un moment dans le petit studio qu'il occupe dans le bâtiment. Il demande pourquoi j'ai changé de couleur de cheveux. Je n'ai pas changé lui dis-je. Mais si, avant tu étais brune. Dario me fait signe de ne rien répondre. Alors je ne dis rien. Puis il me questionne sur mon déménagement, je lui dis que je n'ai pas déménagé. Il me certifie que je lui avais dit cela. Il me donne même l'adresse. Je comprends alors qu'il me compare alors à Micheline la précédente. Pourquoi Dario n'intervient-il pas ? Pourquoi ne me protège-t-il pas ? Il ne dit rien. Il avait pourtant dit qu'elle n'avait jamais rencontré son papa. Un mensonge. Pour quelqu'un qui a la maladie d'Alzheimer, il se rappelle très bien. Que ne dois-je pas savoir ? Pourquoi ? Je ne dis rien dans la voiture. Dario me regarde de temps en temps, sourire amoureux ou ironique ? Je ne sais pas. Tant pis. Nous arrivons au chalet. Je dois m'occuper de son papa pendant qu'il s'occupe des grillades.

Son père, durant l'après-midi a tenté plusieurs fois de descendre à la cave. Il se souvient qu'il reste des bouteilles. Je passe l'après-midi à le surveiller. Dario lui, discute avec sa fille venue nous retrouver pour le dessert. Pour faire plaisir à Dario, j'envoie un sms à Pierrick pour l'inviter au café. Il vient. Dario ne dit rien. Tout le monde part. Je range le chalet. Nous retournons à Genève pour conduire le papy. Au retour, Dario me fera remarquer que je n'avais pas à inviter Pierrick, que cela ne me regardait pas. Je me mets un peu en colère. Pourquoi Pierrick vit-il régulièrement au chalet la semaine et pourquoi quand je l'invite, il se méfie.

28 août 2007

Dario me l'avait promis. Je n'ai jamais été à la concentration de motos au Cap d'Agde. Trois mille motos, une ambiance formidable, me dit-il.

Nous partons. Juste les deux *"Le Club des Amoureux sont toujours deux"*. Nous partons pour plusieurs jours.

Nous ne nous inscrivons pas à la concentration. Cela coûte un saladier et ils ne prennent pas les chèques vacances. Je les utiliserai encore pour le camping. Qu'importe ! Je suis bien ! Je ne regrette pas ! Sauf toujours ces petites brimades qui me désolent de plus en plus, car elles se rapprochent de plus en plus. J'ai souvent ce sentiment d'être nulle. Mais peut-être le pense t-il vraiment ? Je n'en sais rien. Et si j'en parle, je vais tout gâcher !

Béziers, Sète, Villeneuve-les-Béziers… Chaque fois nous allons attendre le groupe de motards, pour nous engouffrer dans la balade. Il fait beau. La balade en bord de mer est très belle. Il y a des stands partout. Des animations à tous les coins de la ville... Les motards surgissent de n'importe où. C'est une ambiance superbe. Le soir, nous allons retrouver notre club du Jura dans leur camping. Mick s'est cassé une côte en faisant le fou après un petit arrosage, bien sûr. Il ne peut conduire son trike. C'est un petit clin d'œil que je fais à Mick, un ami qui a beaucoup été présent dans mes moments difficiles, trop au goût de Dario qui a toujours pensé que j'avais une relation avec lui. A partir de cet instant, il m'empêchera de revoir Mick seule.

Nous parlons d'un changement de président dans notre club. Notre président, tombé amoureux durant une concentration, part à Saint-Etienne. Il va falloir le remplacer. Qui pourra être à la hauteur ? Là n'est pas de dévoiler notre club, mais de mon histoire avec Dario.

Septembre 2007

Concentration de Cuzieux. Au fil des concentrations, nous rencontrons de plus en plus de monde, qui deviennent des amis. Nous sommes si fusionnels, Dario et moi, que l'on ne nous oublie pas. Nous nous embrassons toujours au milieu de tout le monde comme des ados. C'est Dario qui me dit où je dois m'asseoir. Je ne dois pas être à côté de n'importe qui. Je dois le laisser parler. Si je parle, il me coupe la parole. Mick te souviens-tu ce jour, à cette même table, m'avoir chuchoté dans l'oreille *"Si vous vous mariez, je voudrais être témoin"*. Dario a cherché à savoir ce que tu m'avais dit. J'ai dû lui dire car il était jaloux. Oui, il était jaloux ! En présence de mes amis, je ne devais pas lui lâcher la main. Si je veux que notre couple dure, je dois l'écouter, sinon c'est ma faute. Ma vie a été si mouvementée que je dois me mettre en garde et accepter. Après tout, si je veux rester près de lui, je dois m'adapter. C'est ce que je pense très fort au début de notre relation.

28 septembre 2007

Ce week-end, nous le passons à Dole. Nous participons à la virade de l'espoir contre la mucoviscidose. Deux-cents motos ou trikes y participent. Notre club y participe. Mes amies ont trouvé des pilotes. Une grande balade dans le Jura est préparée pour récolter des fonds. La forêt, la montagne, les lacets, le soleil, tout est présent pour une bonne journée. Le repas se fait sous chapiteau à Clairvaux-les-lacs.

Les mois passent. Je fais très attention à tout ce que je dis, tout ce que je fais pour éviter les remarques... Malgré tout, elles s'accumulent... Que dire ! C'est son caractère et je l'accepte !

Une seule ombre à mon bonheur, Béatrice. Dario a reçu une nouvelle carte postale. Elle est en Turquie. La carte se termine par *"Je pense à toi. Tendresses"*. Cela ne me plaît pas. Il me rappelle qu'il vit avec moi. Elle peut très bien évoquer des sentiments qui lui restent alors que lui n'en n'a plus.

Toujours aussi amoureuse, je lui fais confiance.

Les vacances de Noël arrivent. Je suis en congés dix jours. Je n'aime plus me sentir seule dans mon logement à Dole. Il y fait froid. Je ne suis plus si souvent avec mes amies. Elles savent que je suis amoureuse. Elles me comprennent. Je suis plus souvent en Suisse que près d'elles. Pourtant nous nous retrouvons souvent lors de soirées country. Dario est toujours présent. Je ne connais toujours pas ses amis. Quand je lui pose la question, il me dit qu'il connaît peu de monde car il restait souvent seul.

Sur ce, je ne me pose plus de question. J'ai du travail. Je suis amoureuse. Je viens régulièrement en Suisse. J'ai mes amies. A Dole, je pratique la danse country. Le bonheur. Pas tout à fait. Je souffre. Un de mes enfants ne me parle plus depuis mon divorce.

Dario insiste sur l'idée nous ne faisons pas des enfants pour nous. Nous les éduquons et ils partent. Ils font leur vie et nous n'avons plus besoin de les voir. Je ne suis pas d'accord. Les éduquer, oui. Les laisser faire leur vie, oui. Mais ne plus jamais les revoir, NON.

Cette période de divorce est un peu difficile et je dois prendre patience.

Je disais donc... que... Dario m'attend avec impatience ce vendredi après-midi. Nous allons à Payerne en voiture. Nous allons choisir mon cadeau de Noël. Dario m'avait surprise une fois alors que je recollais mes bottes pour danser la country. Il m'entraîne donc dans un magasin et me laisse choisir une paire qui servira aussi bien pour la danse que la moto. Ne regarde pas le prix, me dit-il. Pour ma part, je lui offre un couteau pour sa collection.

En attendant le jour de Noël, nous allons marcher dans la neige. Il a loué des skis de fonds. Je ne sais pas faire de ski alpin. Je t'apprendrai dit-il. Comme je t'apprendrai aussi à faire du roller pour aller faire des balades autour du lac.

Qu'a-t-il acheté pour le réveillon ? J'ai fait quelques achats. Je prépare des toasts et des verrines, une petite entrée, et des bûchettes. Comme d'habitude, il vient surveiller à la cuisine. Comme d'habitude, je fais quelque chose de mal... Pourquoi est-ce que je passe autant de temps à la cuisine alors que nous pourrions être les deux à la salle à manger ? Pourquoi ne mangeons-nous pas un yaourt comme les autres soirs ?... Je fais trop. Il va encore avoir mal à l'estomac. Ce sera encore ma faute ! Il prépare une petite table pour nous deux avec des bougies. C'est sympa. Il n'a rien acheté pour le repas. Il savait que j'apporterais quelque chose. Cela m'est égal. Il dit que nous avons largement pour la soirée. C'est suffisant. Il ne faut pas trop manger... suivi d'un bla-bla-bla à n'en pas finir du pourquoi ne faut-il pas trop manger ! Aucune explication à vous donner. Je n'ai rien compris. Nous regardons le film qu'il a choisi, puis toujours très amoureux, nous montons dans la chambre. Demain, il me présentera à sa fille. Elle nous a invités à manger.

Cette année a été magnifique, même si je ne raconte pas tout, parce que j'aurais besoin de plusieurs tomes. J'ai simplement voulu raconter le début des brimades pour mieux comprendre la suite.

La danse country que je pratique deux fois par semaine et durant laquelle je retrouvais mes amies, était certes les meilleurs moments de cette année.

J'ai choisi de raconter très détaillés les premiers mois de ma vie avec lui afin de montrer comment le pervers apprivoise la victime par son charme, des promesses, vacances, balades, voyages...

Son côté charmeur permet de passer outre les petites brimades qu'il nous envoie... et qui... pourtant....

...auront une importance fondamentale par la suite, puisque ces petites brimades auxquelles vous donnez peu d'importance lui donnent une force incroyable...

Celle de vous détruire plus facilement...

Dehors, les autres m'enviaient
parce que j'étais avec l'homme idéal...
C'est du moins ce qu'ils pensaient...

Le pervers narcissique

C'est un homme souvent charmant, sécurisant et sûr de lui.

Il aime séduire.

Le début de la relation est comme un conte de fée.

La femme pense avoir trouvé l'homme idéal.

Il vous rabaisse, vous dénigre, vous humilie.

Il fait attention de ne jamais le faire devant témoins.

Il vous isole de votre famille et de vos amis.

Il vous culpabilise toujours.

Il se fait passer pour la victime.

Il a un plaisir vital à voir souffrir l'autre.

Il est menteur.

Il n'a jamais de remords.

L'emprise :
Sept années avec un manipulateur pervers narcissique

Janvier 2008. Il a beaucoup neigé à Giez mais le retour à la réalité est un peu difficile après avoir passé dix jours de bonheur.

Retour sur Dole. La routine. Train. Besançon. Boulot. Quand je rentre du boulot, mardi et jeudi, ce sont entraînements danse country. Ce sont les journées que je préfère. Mes amies m'attendent. Je danse à mon rythme, seule, et je suis bien dans ma tête et bien dans mon corps. Parfois, nous perdons *"pieds"* dans nos chorégraphies et nous nous embarquons dans d'inoubliables fous rires. Souvent aussi, nous terminons ensemble la soirée chez l'une ou chez l'autre. Les autres soirs, avant de m'installer sur Messenger, je file courir le long du canal. Une liberté que je m'octroie depuis que je suis seule. J'aime ce moment de solitude. Le casque sur les oreilles, j'écoute Johnny Cash. J'adore. Je rentre. Je prends une bonne douche et Messenger avec mon chéri. Je commence à me rendre compte qu'il ne parle que de lui. Il parle de ses journées au boulot. Il ne s'intéresse pas vraiment à ce que je fais moi. Cela me gêne un peu, mais là encore je ne dis rien. Je suis amoureuse.

Si je préfère aussi quitter mon appartement, c'est parce que je ne m'y plais pas beaucoup. Je l'ai choisi parce qu'il n'était pas très cher. Même s'il est situé dans l'arrière-ville de Dole, même si la rue est joliment recouverte de pavés, plusieurs petites choses me dérangent. Je l'ai visité en juin. C'est un T2 avec deux grandes pièces, des pièces comme l'on aimerait en avoir avec un sol en plancher ancien. Mais l'hiver, c'est un vrai courant d'air. J'ai dû mettre des couvertures contre les portes et les fenêtres pour éviter que l'air passe. Finalement, avec mon boulot, mes activités et le week-end en Suisse, j'y suis peu souvent.

Ce week-end, comme beaucoup d'autres, je vais chez Dario. J'ai pris l'habitude le samedi matin de prendre mon sac dans la voiture en partant au boulot pour m'évader dès midi, direction Pontarlier et la frontière. Une heure trente de trajet nous sépare depuis mon travail. Dès mon arrivée chez lui, une bonne et une mauvaise nouvelle m'attendent. Je vais commencer par la bonne, c'est la première que j'ai eue en arrivant. Je sonne. Dario tient la clef du garage dans la main. Il ouvre la porte pour me montrer qu'il a acheté des raquettes. Ce dimanche ce sera sortie neige en raquettes. Je n'en n'ai jamais fait et je suis encore toute surprise. Comment ne pas croire au bonheur avec tout ça ?

Nous prenons un repas léger suivis de longs moments d'étreintes sur le canapé. Le plaisir de se retrouver est fort.

La mauvaise surprise ! Un sifflement strident nous annonce que le sèche-linge est terminé. Dario y retire les draps qu'il a lavés le matin. *"Tu as encore changé les draps"* lui demandai-je ? *"Nous les avons changés juste avant mon départ la semaine dernière ?"* Dario raconte une histoire abracadabrante pour expliquer pourquoi il faut changer les draps souvent. Je serai incapable de lui demander une autre explication. Il m'a tellement embrouillée que j'évite d'entendre le même discours. Si je reviens en arrière et depuis que je le connais, nous n'avons pas si souvent changé les draps. Je ne veux pas m'arrêter sur quelque chose qui peut être stupide.

Dimanche. Comme promis, nous partons dans les hauteurs faire de la raquette. Il m'explique comment attacher les liens qui se fixent à mes chaussures, tout en ajoutant *"Il faut faire très attention car... !"* J'imagine qu'au moment où je vous dis cela, vous pensez la même chose que moi. *"je dois faire attention, parce que je peux tomber et me faire mal !"* ou encore *"On croit que c'est facile mais ce n'est pas si simple !"*. Et bien non, sa première pensée est *"Il faut y faire attention car elles ont coûté cher"*. J'ai toujours peur lorsque l'on me dit cela, parce que c'est toujours dans ce moment-là que... ça arrive !

Cela me stresse donc un peu, et quand j'entends la neige craquer sous mes pas, mes yeux fixent immédiatement les raquettes. Finalement ce n'est pas compliqué et c'est agréable. Nous sommes deux. J'aime bien quand il y a du monde avec nous, l'ambiance est différente, mais j'aime aussi quand nous sommes les deux.

Au retour nous prenons un chocolat chaud. Je fais tomber ma cuillère *"chocolatée"* sur le tapis, un tapis banal qui tient une grande surface dans la salle à manger. La couleur sur la gauche est plus claire, passée par le soleil de la baie vitrée. Je n'aime pas son tapis. Lui l'aime-t-il ? Je ne le sais pas vraiment. Sa seule réponse est *"Il faut faire attention, il m'a coûté un saladier"*. Je lui demande ce qu'il appelle un saladier ; cela coûte cher. J'insiste sur ce saladier, car moi, ce mot, je l'ai beaucoup entendu pendant notre vie commune. Je nettoie et porte la vaisselle dans l'évier. Un peu plus tard, il me fait remarquer que j'aurais pu laver les bols. Et je pense qu'il avait raison.

Les week-ends passent avec le même rituel, raquettes, balades, courses, ou tout simplement au chaud sur le canapé ou sous la couette. Je ne connais encore personne de ses connaissances à cette époque. Je ne comprends toujours pas. Il en a bien des amis puisqu'il va les voir seul. Pourquoi refuse t'il de me les présenter ?

12 janvier 2008.
Déjà quelques mois se sont succédés depuis notre rencontre et nous fêtons son premier anniversaire ensemble. J'ai fait les librairies doloises. J'ai une idée cadeau, pour lui qui est toujours sur son bureau. Je vais acheter un ensemble pour mettre sur son bureau, bois et cuir. J'aime beaucoup. Il me propose d'inviter son ami Laurent Boulot qui était venu au chalet en juillet. Ils sont nés le même jour. Ils ont l'habitude de fêter leur anniversaire ensemble. Qu'à cela ne tienne, je veux bien. Ce n'est pas parce que je suis là que l'on doit changer les habitudes.

Mais... parce qu'il y a toujours un *"Mais"* avec Dario. Il veut inviter une ex, et pas n'importe laquelle, celle qui a les clefs du chalet. Je refuse. Pourquoi puisqu'il ne l'aime plus veut-il l'inviter ? Pourquoi elle et pas les autres ? S'il fait cela je le quitte. Nous nous fâchons. Il me culpabilise. Je lui demande laquelle serait à table et laquelle servirait. *"Tu pourrais mettre une mini-jupe et faire la soubrette, ce serait rigolo !"* Rigolo pour qui ? Je suis déçue de sa méchanceté. Je tiens tête. C'est elle ou moi !

Il téléphone donc devant moi à son ami Laurent en donnant pour unique raison : je refuse qu'ils fassent leur anniversaire ensemble. Grossier mensonge ! Je n'ai jamais revu ce Laurent Boulot.

Comme je ne fais jamais rien de bien chez lui. Je trouve donc des excuses pour venir un peu plus tard le samedi, et partir le mardi plus tôt. Peut-être faut-il qu'il comprenne un peu...

Février. Saint-Valentin. Dario me tend un cadeau. Un parfum. Il voulait prendre Angel, dit-il car son ex, Micheline, mettait cela et qu'il aimait bien... Charmant ou charmeur ? La vendeuse lui a conseillé de prendre quelque chose plus moderne et il reviendra avec *"Opium"*. Merci vendeuse ! Pourquoi est-il obligé de raconter tout cela ? Pourquoi est-ce important pour lui ? Comme toutes les fois, je me tais.

C'est aussi à cette même période que... Nous sommes dans la buanderie. Dario me tend le linge que je dois mettre dans la machine. A l'instant même où je m'engage à fermer le hublot, je le vois ramasser quelque chose. *"Attends, tu as oublié ta petite culotte"*. *"Mais ce n'est pas à moi"*, lui répondis-je. *"A qui veux-tu que ce soit ?"*, insiste-t-il. Je sais ce que je mets quand même. Il essaie maladroitement de se justifier. *"Je l'ai trouvée derrière le lave-linge. Ce doit être à Micheline quand elle était encore ici !"* *" Tu te moques de moi ? Cela fait huit mois que nous sommes ensemble et j'ai déjà nettoyé plusieurs fois derrière la machine"*. *"C'est que c'était mal fait"*, répond-il.

Il a même le culot de me rassurer en me disant que ce n'est pas grave. Ça arrive à n'importe qui de faire le ménage à moitié. Je ne sais plus quoi dire, ni quoi penser ! J'ai mal ! Je doute encore ! Pourquoi est-ce que je reste encore ? Je n'arrive même pas à trouver la réponse.

Les mois passent tranquillement avec toujours la même routine… Les petites brimades, le rabaissement, la dévalorisation. Mais qu'importe ! Cela lui passera ! Et si ça ne lui passe pas alors je lui parlerai… En attendant, je dois rester zen et apprécier le *"bonheur"* dans lequel je m'enfouis. Où est-ce que je le trouve ce bonheur ?

Avril 2008.
Dario sait que je rêve de visiter la Camargue. Je ne la connais que sur les livres d'images, ou les documentaires à la télévision et cela me tente bien. Les heures supplémentaires que j'ai effectuées au travail me permettent de prendre dix jours de vacances supplémentaires.

Nous préparons le camping-car, je dis camping-car, en fait, c'est un bus aménagé. Mais il est très bien. Un petit réglage du GPS, un relevé des villages susceptibles d'être visités. Pour les nuitées, ce sera improvisé. Là où nous serons, nous resterons pour la nuit.

Le départ se fait calmement. Je suis bien… Nous visitons des villages typiques jusqu'à ce que nous arrivions en Camargue. La plage, les chevaux, les flamands, les férias… C'est vraiment comme à la télé. La plage à nous. Courir dans l'eau encore tout habillé car le vent si froid ne nous permet pas de mettre les maillots de bains… les cheveux dans le vent. Une semaine de vacances que je n'oublierai pas. Peu de petites brimades. Dario propose de remonter par Chamonix puis le barrage de Moiry. Nous passons la nuit à proximité. Nous avons froid. Il pleut. Nous décidons de rentrer. Dans quelques jours ce sera mon anniversaire et Dario là encore me propose de préparer quelque chose avec mes amis au chalet. Nous devons inviter Pierrick, Béatrice, Aïcha et les autres. Alors c'est trop. Je refuse. C'est mon anniversaire et je ne veux ni Béatrice ni Aïcha. Je sais que Béatrice, depuis notre entrevue avec Pierrick est présente régulièrement ici. Pourquoi veut-il m'obliger à accepter cela ? C'est mon anniversaire et il veut inviter ses ex. Je ne pardonne pas à Dario de vouloir leur présence. Il sait que ça me fait mal, mais il ne peut pas lui demander de partir. Il a trouvé mon point faible. C'est ce petit point faible dont il se servira pour se justifier par la suite. C'est aussi à partir de ce moment-là qu'il a décidé de me coller une *"étiquette"* sur le front. Je suis *"jalouse maladive"*. Tout ceci, parce que je refuse ses ex. Il parlera de moi ainsi.. La Katy qu'il a connu sera comme cela, désormais, jalouse maladive. Une étiquette qu'il aura portée à d'autres avant moi. C'est ainsi que vous comprendrez comment agit un pervers narcissique, comment il agit avec ses proies, comment il les a toutes détruites sans remords… La lâcheté !

1er mai. Mon anniversaire.

Puisque je refuse de recevoir ses ex, je suis punie. Il n'a rien prévu. Pas de cadeaux. Je suis blasée. Non pas que je cours après les cadeaux, mais pour nous, femmes, c'est une petite pensée tendresse. Je sais pertinemment que c'est une punition parce que je n'accepte pas Béatrice. Je ne cèderai pas. C'est elle ou moi. Je lui explique qu'il m'est impossible d'accepter cela. Il ne me comprend pas. Pourquoi ne veut-il pas montrer que nous sommes ensemble et que nous nous aimons. Il ne veut pas la faire souffrir. Pourtant, moi je souffre. Quelle est la différence ? Pourquoi moi ? N'a-t-il aucun remords de me faire souffrir ?

Dans la journée, il me tend une enveloppe. Qu'y a-t-il dedans ? Un mot de rupture ? Un mot de chantage ? Une réconciliation ? Non, rien de cela. Un petit mot pour me souhaiter un bon anniversaire. Egalement, une invitation afin que je comprenne pourquoi je suis comme ça. Que veut-il dire ? Comment suis-je donc ? Un stage d'une journée dans une entreprise d'un centre commercial de la région Suisse *"Savoir gérer ses émotions"*. Il me prend vraiment pour une idiote. Je pars dans ma chambre. Je pleure. Pourquoi me traite-t-il ainsi ? Que lui ai-je fait pour mériter cela ?

Le petit ange qui se tient sur mon épaule tente vainement de me faire comprendre la situation. *"Katy, tu n'as absolument rien compris. Rien ne vient de toi. C'est lui qui est comme ça. Il s'apitoie tellement sur son ego qu'il te culpabilise, pour ne pas se faire souffrir lui, pour ne pas admettre lui-même ce qu'il est vraiment, qui il est vraiment. Tu te sens coupable. Il va se faire passer pour la victime. Il commence doucement ta destruction".*

Le stage est pour la fin du mois et je me demande bien si je vais y aller. La haine, la honte aussi, je suis en colère. Tiens, en voici déjà une d'émotion. Est-ce que je la gère mal ? Ne devrais-je pas être en colère ? J'ai mal dans mon cœur et dans ma tête. Je regarde sur le net le tarif. trois cents francs suisse. Pas donné la journée de stage ! Cela pourtant coûte un saladier. Lui qui me dit ne pas vouloir ou ne pas pouvoir payer mes cours de danse country parce que cela coûte un saladier... ! Cela me ferait une année de cours.

Il m'est INTERDIT D'ETRE MOI. Je le comprends bien. Pourtant je reste. Pourquoi ? Je ne le sais pas moi-même. Amoureuse ? Peur de l'abandon ? Me retrouver seule ? Je ne sais pas. Je ne sais plus.

Je continue d'aller chez mon thérapeute. Je lui parle de mon quotidien. Interdit de choisir les courses que l'on peut faire. Ce n'est pas moi qui paie, donc interdit. Fini les yaourts au chocolat. De toute façon, lui n'en mange pas. Finis les petits plats, lui n'aime que les pommes de terre. Tout ce que je propose, rien. Son image à lui se reflète partout. Chez lui, dans les magasins, les sorties... Il cherche encore à faire du mal en demandant ce que je veux, pour faire un speech et arriver à dire le contraire... en demandant aussi où je veux aller, pour dire que ce n'est pas possible ou encore il vaut mieux aller de l'autre côté. Toujours et toujours. Me faire souffrir... Je sais que je paie mon refus de Béatrice au chalet. Pourtant, elle continue d'aller. Dario lui a dit qu'elle pouvait y aller, elle était là avant moi.

Dario n'aime pas que j'aille chez mon thérapeute. Parce qu'il veut que je dise des choses sur moi, que je suis mauvaise... Moi je dis ce que je vis, ce que je ressens et lui me rassure, *"Rien ne vient de moi"*. Une thérapie de couple serait certainement nécessaire. Nous avons un problème de communication. Dario n'est pas d'accord. Cela est impossible. C'est à moi de changer, surtout pas à lui. Il souhaite que je change de thérapeute encore une fois. C'est le quatrième parce que Dario a toujours insisté pour que je change. C'est un nul. Pour lui, le seul qui ne sera pas nul sera celui qui pourra me dire, *"Madame, c'est vous qui êtes folle"*. Mais voilà cela ne va pas dans son sens. Il souhaite voir ce thérapeute. Celui-ci ne peut prendre deux conjoints. Il doit s'orienter vers un autre thérapeute. Dario n'est pas content, mais pas content du tout. C'est celui-ci qu'il veut voir. Il veut donner sa version. La sienne. La mienne est forcément fausse. Le thérapeute ne comprend pas son acharnement. Devant cette insistance, il griffonne son numéro de téléphone sur un papier. Je dois lui donner et s'il appelle, il lui expliquera pourquoi c'est impossible. Il n'a jamais appelé ce thérapeute. S'est-il renseigné entre temps et a-t-il vu qu'il aura tort ? Ou encore mon thérapeute ne m'aura-t-il rien dit pour ne pas me faire de mal ? Je ne sais pas. Je suis contente que celui-ci me comprenne et je ne changerai pas du tout. Dario est en colère. Désormais, il fait tout pour que je ne n'y retourne pas en me supprimant la voiture régulièrement…

Juin 2009.
Un plan social est annoncé dans mon entreprise qui a du mal à reprendre une bonne activité. Le dirigeant organise une réunion : soixante volontaires démissionnaires seraient bienvenus pour remonter la pente. Des pré-retraites, des aides à la formation, des aides à la création d'entreprise sont proposées. Serait-ce le bon moment pour que Dario me propose enfin de m'installer chez lui ? Créer une entreprise de graphisme me plairait bien. Nous en discutons ensemble. Dario m'incite à aller dans ce sens. Un problème existe quand même. Si je crée l'entreprise, je dois garder mon adresse en France. J'ai le sentiment que cela arrange Dario. Je monte un dossier. Je participe à des formations de gestion et de bureautique. Les mois passent encore avant de prendre une décision définitive et voir l'acceptation de mon projet aboutir. Dario, afin que je garde confiance, renouvelle ses belles promesses du début : mariage, usufruit de la maison, participation à ma retraite. *"Je dois lui faire confiance, et me faire confiance"*. Je n'ai jamais autant entendu cette phrase depuis cet instant présent. Je cède. J'accepte le licenciement volontaire. Dario pour me donner confiance, me signe un contrat de travail. Il décide de me confier son travail administratif afin que je bénéficie assurément de cinq cent euros d'argent de poche par mois. Ça me rassure et je lui dis. Par la même occasion, je reparle des travaux du chalet. Il doit encore en parler à Pierrick. Je n'y

crois plus. Pourtant dès le début de mon entreprise, je lui en parle et je lui donne une lettre avec les factures des travaux effectués à ce chalet. Je pense simplement que cela fera accélérer les paiements vis-à-vis de Pierrick. Je ne sais toujours pas à ce moment qui va me payer. Oui, je sais ce que vous allez dire ! Je dois arrêter ! Je suis naïve ! Je veux aussi montrer ce que je sais faire ! A force d'entendre que je suis nulle...

C'est à partir de cette année 2010, que j'ai vraiment cerné le personnage. C'est aussi cette année que ma véritable descente aux enfers a doucement commencé... Je ne peux tout raconter... J'aurais des tomes à dire pour bien montrer comment était MON PERVERS NARCISSIQUE, alors je ne dirai que quelques passages, ceux qui m'ont le plus marquée.

Mai 2010.

Aujourd'hui je reçois un mail de David. Responsable national de danse Country dans toute la France, David envoie un mail aux membres des danseurs country. Une croisière sur ce thème est organisée en mars 2011. Soirées country, danse et stages toute la semaine. Dario dit aimer cette musique. Je pense qu'il s'adapte au choix de la personne qui l'accompagne pour mieux la séduire. Encore salariée, j'ai l'avantage de pouvoir payer ce voyage durant six mois. C'est une bonne idée cadeau pour Noël. Je me débrouille pour qu'il ne soit pas au courant. Je paye tous les mois. Je me prépare à lui faire une belle surprise. Je sais qu'il adore les bateaux et qu'il n'a jamais fait de croisière. Je suis ravie de ma surprise. J'ai déjà une idée pour lui présenter ce cadeau. Je ne pourrai vous la décrire, je la réserve pour un autre peut-être. Qui sait ?

L'été passe... Toujours les balades... Toujours les dénigrements... Lorsque mes amis téléphonent, Dario répond pour moi... Il discute durant une heure avec puis me les passe enfin... jusqu'au jour où j'apprends que Dario répond que je ne suis pas là. Pourquoi dit-il cela alors que nous sommes toujours ensemble ? Si je suis dans la cour, alors je ne suis pas près de lui... Est-ce une punition ? Pour quelque chose d'aussi minime ? Je n'y crois pas... Il y a quelque chose mais je n'ose encore croire que cela vient de lui...

C'est aussi cet été que ma voiture rend l'âme. Seize ans et trois-cent-soixante-cinq-mille kilomètres, je n'ai pas à me plaindre. Plus de voiture. Dario qui souhaite en acheter une nouvelle, il change tous les deux ans... garde la Fiat pour moi. Mais à quel prix ! Il me la vend. Combien ? Huit mille euros ? Je peux me trouver une occasion moins chère à ce prix là... Mais c'est vrai, la Fiat est entretenue. Toutes les factures sont là. Mais si je l'achète, me sera-t-elle encore confisquée régulièrement ? Je me renseigne quand même. Elle a les plaques suisses et pour la faire refaire en France cela coûte *"un saladier",* tiens voilà que j'emploie ce terme moi-aussi. Cela revient trop cher. Je laisse tomber. Dario la gardera encore quelques mois.

Nous sommes invités au mariage de sa nièce, du moins à l'apéritif. Il y a quelques mois, nous avions été fêté les soixante ans de son frère. Un seul frère. Ils se voient très peu. Ils n'ont pas les mêmes idées. Cela arrive. Je n'ai vu qu'une fois son frère et sa belle-sœur. Je demande si Séverine a fait une liste de mariage. Le couple de jeunes mariés a ouvert un compte en Banque spécialement pour leur mariage. Il suffit de virer de l'argent sur le compte. Ils feront leur voyage de noces en fonction de l'argent récolté. Ils enverront le RIB à Dario. Le mariage se fera à Lausanne. Séverine demande à Dario s'il peut aller chercher son grand-père à Genève pour le vin d'honneur. Celui-ci accepte. Quelques jours avant la date du mariage, je demande le RIB à Dario pour faire mon virement. Il me dit que je n'ai rien à mettre. J'insiste. Il m'annonce qu'il mettra pour les deux. Quand je lui demande combien il a mis, il dit *"Cela ne te regarde pas, j'ai mis suffisamment pour les deux"*. Je trouve d'abord cela très sympathique. Il faut une heure pour aller chercher le grand-père à Genève et autant pour le reconduire. Quelques jours après la cérémonie, nous recevons un faire-part de remerciement pour notre présence. Elle ne remercie pas pour le cadeau. Bizarre ? Je pose une nouvelle fois la question à Dario. *"Puis-je savoir combien tu as mis pour le mariage de Séverine ? C'est bizarre qu'elle ne remercie que pour notre présence"*. Dario, tout en restant calme, me dit *"Ecoute ma chérie, le plus beau cadeau pour Séverine était que j'aille chercher son grand-père à Genève pour qu'il soit présent, je ne voulais pas te dire que c'était suffisant car j'avais peur que tu ne viennes pas, nous avons perdu plus de deux heures pour aller le chercher. Et l'essence qui a payé ?"*. La honte m'envahit. J'aurais dû m'en occuper moi-même et ne pas lui faire confiance. J'ai participé à une cérémonie de mariage sans avoir fait de cadeau. Comment peut-il parler et agir ainsi ?

Ce début de juillet a bien mal commencé. Je retourne quelques jours à Dole. Il est jaloux. Il ne sait pas qui je vois ni ce que je peux raconter. Sa fierté risque d'en prendre un bon coup.

Il ne me parle plus. Il ne me confie plus rien. Il fait ses achats tout seul, quand il le décide ou quand il en a envie. Tout ce que j'apprends, je le sais par d'autres. Il a acheté un GPS, des nouvelles sacoches, une nouvelle selle, un nouveau casque, une nouvelle télé...

Comme les années précédentes, nous préparons note petite fête au chalet. Les tensions qui existent entre nous depuis quelque temps obligent Dario à faire un choix. Là encore et sans mon consentement, puisqu'une amie me renverra le message qu'il a fait. Elle me demande le pourquoi. *"Je refuse tout simplement de continuer à entretenir le chalet, son ex y est toujours et je ne suis toujours pas payée"*.

7-8 juillet 2010
Fête au chalet - La Mussille - Suisse - Katy & Dario
Chers amis,
C'est la mort dans l'âme et le cœur brisé que je dois annuler la fête du week-end des 7 et 8 juillet.
Des problèmes de couple récurrents, devenus insurmontables me retirent l'énergie et la volonté de finaliser l'organisation de cette fête pour un moment clé de ma vie.
Je vous demande de bien vouloir me pardonner ce changement de programme dont je suis profondément désolé. Je vous redonnerai des nouvelles lors de jours que j'espère meilleurs.
Amitiés – Dario

Ce mois de juillet est particulièrement tendu. Durant les quelques balades faites en moto sur invitation, Dario ne cesse de m'humilier. *"Pas de coca-cola, tu vas avoir mal au ventre"*, *"Pas de glace, tu vas prendre du poids""Cette femme est charmante je vais la prendre en photo"*, il échange des photos avec des motards et quand je lui demande avec qui *"Ça ne te regarde pas"*. Il prend encore des adresses, des photos. Il passe son temps à montrer ses photos autour de lui sur son portable ou sur sa tablette. D'abord pour montrer son matériel qu'il est pour l'instant seul à posséder , mais aussi ses voyages, ses ex. Il prend un malin plaisir à m'humilier.

C'est aussi à partir de ce mois, que certains de nos amis me demandent pourquoi je ne ris plus. Pourquoi moi qui était si bout-en-train on ne m'entend plus ? Comment puis-je leur expliquer alors que je SUIS INTERDIT D'ETRE MOI ? Si on m'écoute, si on me regarde, si on rit avec moi, on ne s'occupe pas de lui... et si on ne s'occupe pas de lui... son ego en prend un coup et ça fait mal... Alors à moi, il me l'a dit *"Ma pauvre fille, ils n'ont que du respect pour toi et s'obligent à t'écouter, à te voir rire ! Tu ne sais pas pourquoi tu ris ! Toi seule ris de tes histoires à deux balles !...*

Août 2010.

J'apprends encore une fois que Dario est allé au chalet seul. Je n'ai plus confiance ! Dario m'a signifié ce jour se rendre chez des clients de l'autre côté du lac. Il était au chalet. Les ex aussi. Le chalet prêté à une parisienne dont je n'aurai jamais vu le visage... Cette fois, j'en ai marre de ces mensonges ! J'insiste pour une nouvelle explication ! Il certifie encore que les personnes qui me renseignent sont des menteuses... et voudraient savoir qui me prévient. Je ne lui dis pas. Il se renseigne auprès de Pierrick. Je le sais car je l'entends parler au téléphone. Parfois il croit que je suis dans le jardin, mais je veux savoir et surtout pouvoir le contrer. Les mensonges qu'il aborde régulièrement ne me permettent plus d'avoir une totale confiance en lui. Je deviens méfiante. Je commence à perdre confiance en lui mais aussi en moi-même. Il me demande de partir. Il écrit des lettres. Quand je lui demande ce qu'il compte faire pour moi... il m'aidera... dit-il... Comment et quand ?

Mon fils m'appelle. Il a eu un accident de moto. Mon fils a besoin de moi. Je dois y aller. Dario refuse. Je sais que je n'aurai pas mon papier d'autorisation pour prendre la voiture alors je prends les clefs et je pars. Il n'arrive pas à me rattraper. Les anti-dépresseurs que j'ai pris tard dans l'après-midi commencent à faire leur effet. Je ne m'en soucie pas. Mon fils a besoin de moi... Après Pontarlier, je me réveille dans la voiture. Qu'est-il arrivé ? Je suis dans un ravin. J'arrive à m'éclipser de la voiture. J'ai aussi renversé un poteau électrique. Je ne sais pas quelle heure il est, mais il fait nuit. Un couple s'arrête. Une femme me tend son téléphone pendant que Monsieur prévient la gendarmerie. Je préviens Dario qui entre dans une colère monstre. Puis je sens que l'on me met une minerve autour du cou. Je me réveille à l'hôpital. Que se passe-t-il ? Un homme en blouse blanche est penché sur moi. *"Nous attendons les résultats de la radio"*. Quelle radio ? Je n'en sais rien. Je ne me souviens pas. Un interne me réveille. Il m'informe que l'on va me conduire à Dole en ambulance. Je suis toute *"vaseuse"*, mais j'ai la force de lui répondre que je suis en Suisse. *"M. Barthoulot ne veut plus de vous et nous a conseillés de vous renvoyer à Dole"*. Je veux une explication. Je veux signer une décharge. Il refuse. Et mes affaires ? Il va faire comme il a fait avec toutes les autres. Il va s'enrichir de tout ce que j'ai pu apporter chez lui. Il sait que je ne pourrai jamais les récupérer. Je suis seule dans le couloir. J'ai encore un peu de force. Je descends du brancard et je cherche la sortie. Je cours. J'ai peur d'être rattrapée. Je suis encore sous l'effet des somnifères et peut-être de calmants, je ne sais plus, je cours en titubant. Je quitte l'hôpital. Je tente d'appeler Dario. Il ne répond pas. Il ne se dérange pas. Il ne cherche pas à prendre de mes nouvelles. Je marche. Je ne sais même pas quelle heure il est ! A un moment, je me retourne et je vois le château de Joux dans mon dos. Je sais alors que j'ai marché longtemps. Mon instinct m'a guidée. Je fais de l'auto-stop. Une chance. Deux femmes cherchent justement une maison d'hôte qui se trouve sur ma route à mi-chemin. Elles acceptent de me conduire jusqu'à leur destination. Et là à peine suis-je descendue, qu'un charmant jeune homme s'arrête. Il va juste dans ma direction. Il s'inquiète pour moi car il voit sans doute que je ne suis pas bien. Je le rassure. Là où il me pose, il me reste encore six kilomètres... que je fais à pied. Je ne sais plus quelle heure il est quand j'arrive devant la maison de Dario.

Quand j'arrive, Dario a déjà rangé la voiture avec quelques objets qu'il voulait rapporter à Dole. Il ne s'inquiète que pour l'état de la voiture. Il a demandé aux gendarmes s'ils pouvaient dire que c'était lui qui conduisait pour l'assurance. Je ne sais plus ce qu'il m'a dit après. Il ne sait pas comment je peux être, ce que j'ai, si j'ai mal, ce que je vis. Sa fille est là, prévenue pour être témoin très certainement. Les pervers narcissiques ont besoin de témoins. Ils racontent à leur manière, mais ils restent persuadés avoir des preuves. Pourquoi a-t-il attendu que je n'aie plus de travail ?... Je ne suis plus intéressante... Je ne lui apporte plus rien. Je n'ai plus de voiture... Je n'ai plus de travail... et je n'ai pas droit au chômage.

Je suis en pleurs. Je lui fais du chantage. Le dénoncer au Ministère Public pour fraude fiscale... Il a très bien vécu grâce à cette fraude. Il me l'a confié au début de notre idylle. C'est aussi pour cela qu'il ne veut pas que je parle avec les voisins. Alors, il change de visage. *"Je n'ai pas le droit de faire cela"*. *"Ah oui ! Et toi as-tu le droit de me faire souffrir comme tu le fais ?"* *"Mais... ce n'est pas pareil. Moi c'est toute une vie de travail... "!* Il me propose d'aller à l'hôpital. Je refuse. Je vais bien. Je ne supporte plus ces humiliations qu'il m'impose, ni tout ce qu'il me fait subir et que je dois accepter. Mais... me retrouver seule, je ne le supporterais pas. Je prends des Xanax. J'appelle mon fils. Celui-ci qui n'a pas de voiture ne peut se déplacer. Il appelle alors Dario. Celui-ci l'informe que je suis partie, que je dois me faire soigner et que je suis capable de n'importe quoi. Mon fils prend peur. Il appelle la police suisse afin de me venir en aide. Je ne sais plus jusqu'où ni quand, j'ai marché à nouveau. Je me souviens... Je me suis assise au bord d'une rivière. Une personne me demande si je vais bien. Il s'assoit près de moi. Nous discutons. Mon fils se fait du souci pour moi. Les policiers me cherchent. Je pleure. Je réfléchis à ma vie. Je pense à tout ce que Dario a fait de moi. La souffrance, mon boulot qu'il m'a fait quitter. Les interdictions, les punitions... la dévalorisation... et là... qu'est-ce que je fais là. Les policiers s'approchent et me parlent... Je les accompagne au Commissariat. Je donne une explication. Ils me conduisent à l'hôpital psychiatrique. Je pleure toujours. Je ne peux rien dire. J'ai peur. Peur de rester enfermée ici. Le médecin le comprend très bien. Il me conseille de passer la nuit. *"Ce sera la seule"*, me rassure-t-il. *"Demain vous serez plus calme pour parler"*. C'est vrai. Je n'ai passé qu'une seule nuit. Le lendemain, j'ai pu raconter mon histoire. J'ai parlé aux psys, je ne dirai pas ici ce dont nous avons parlé. J'ai droit à mon petit jardin secret, le mien. Ils n'ont pas compris ce que je faisais là. Je ressors, libre. Dario, qui ne comprend pas pourquoi on me laisse sortir, vient me chercher, fier de dire qu'il m'accorde une nouvelle chance ! Encore un dénigrement ! Les psys nous proposent une thérapie de couple et me proposent de venir si je veux parler. Dario accepte devant eux la thérapie de couple ! Une fois à la maison, il m'informe qu'il n'a pas à faire une thérapie de couple. Il est parfait et c'est moi qui ai un problème.

Il a préparé sur son bureau le constat d'assurance. Il raconte que les gendarmes ont accepté de faire les papiers comme si c'était lui qui conduisait pour que l'assurance puisse rembourser... Quelques semaines plus tard, Dario qui est allé à la carrosserie, me demande de payer la note de la carrosserie. *"Je croyais que tu étais bien assuré ?"* lui dis-je ? *"Oui mais tu dois payer au cas où il y ait des complications"* et toujours son histoire abracadabrante derrière. Après tout c'est toi qui as eu l'accident. Je n'insiste pas. Si je lui faisais remarquer qu'il fait toujours des histoires dont on ne comprend rien, il répondrait que c'est moi qui suis nulle... J'ai dû lui payer encre deux mille euros de facture au garage. A-t-il également la même somme de l'assurance ? Aujourd'hui, je suppose que oui.

Quelques jours plus tard, je reçois la facture de l'hôpital psychiatrique. Je lui demande de m'aider à payer. Il me répond que c'est à moi de payer. *"Tu vois, c'est ta punition, tu n'as qu'à accepter mes propositions. Tu te punis toi-même !"*

Mais...Voilà..., j'apprends encore des mensonges, et cela me met hors de moi. Je ne peux raconter tous les mensonges, il y en a tant. Il y a les petits mensonges tels *"je n'ai jamais dit cela"* ou encore *"c'est toi qui a dû comprendre cela"*. Il y a les gros mensonges, ceux qui font mal, ceux qui cachent quelque chose, ceux que je ne dois pas savoir. Le mensonge est un abus de confiance. Nous nous fâchons toujours pour un mensonge. Dario dit que je n'aurai pas de cadeau pour Noël. J'y suis habituée. Il se débrouille si bien quand il y a un événement pour éviter de dépenser de l'argent ! Je jette alors sur la table de salon, l'enveloppe comprenant les tickets de la croisière. Je nous ai fait un beau cadeau. Tant pis pour la présentation. Il ouvre l'enveloppe. Quelle surprise ! Et alors que j'attends un remerciement... *"Pourquoi as-tu donc mis les tickets à ton nom ?"* Je n'y crois pas ! J'imagine que, dans la mésentente dans laquelle nous vivons, il serait capable d'emmener quelqu'un d'autre. Là, il me baratine encore sous prétexte que si c'était à son nom il avait une assurance rapatriement. Mais moi aussi je l'ai prise cette assurance !...

A peine a-t-il parcouru le programme qu'il sort une carte pour visualiser le trajet. Il va l'accepter ce voyage, mais il ne le dira pas. Son ego d'abord. Pas de merci. Pour lui, c'est normal.

Noël arrive. Dario invite un couple d'amis pour Noël, Claudius et Rosine. L'apéritif se fait dans le salon de la maison. Claudius sort fumer sa cigarette sur la terrasse. C'est alors que Rosine me questionne sur le cadeau que Dario m'a offert. Je dis *"rien"*. Je commence à lui raconter celui que moi je lui ai offert. Dario en profite pour s'éclipser. Il fait celui qui n'a rien entendu de la conversation. Elle tente de me rassurer *"Ne t'inquiète pas, avec ce que tu as fait, il va te le donner à la fin du repas"*.

Mais... rien. J'attends le lendemain.... Toujours rien. Dario passe la journée de Noël sur son ordinateur. Je lui propose d'aller faire du ski ou de la raquette... Il n'est pas du tout décidé.

Rosine me téléphone pour savoir... et me rassure encore une fois *"Il doit te préparer une belle surprise et tu l'auras pour le premier janvier"*. La date passe et je n'ai rien. Je suis déçue. J'ai presqu'envie de la faire avec quelqu'un d'autre cette croisière.

Je n'aurai rien eu pour Noël. Et pourtant j'ai encore envie de la faire avec lui. Pourquoi. Je l'aime toujours. Oui, me direz-vous ? C'est bête mais c'est comme ça. Je ne sais pas pourquoi je m'agrippe à lui. Il a promis de ne jamais m'abandonner, mais la vie que je vis avec lui est-elle suffisante ? Je n'ai jamais un mot gentil. Faire l'amour ? Il se laisse caresser, c'est tout. Je n'ai aucun moment de tendresse. Tout est pour lui. Il se laisse faire. Moi, rien, je suis vraiment un objet. Je pourrais le quitter de suite. Je ne suis pas à la rue. J'ai toujours mon appartement à Dole. Je n'y suis jamais. J'habite chez lui. Je me demande même pourquoi j'ai encore un appartement sur Dole. Nous y allons régulièrement une fois par mois pour relever le courrier.

J'ai payé cette croisière durant six mois. Pas un seul mot gentil. Rien. Pas un seul petit cadeau. *"La vie est cadeau"*, me répète-t-il sans cesse !

Ce soir, après le reportage télévisé, nous montons nous coucher. Nous prenons chacun un livre. Au bout de vingt minutes, il pose son livre. Je dois éteindre aussi. La lumière le gène. Il fait remarquer qu'il y a une mauvaise odeur dans la chambre. Il se penche sur moi. Il me renifle en disant que c'est moi qui pue. Je me retourne et m'endors difficilement. Que puis-je espérer avec ces remarques ?

J'y ai pensé. J'y ai cru que tout pouvait changer. Pendant des années, j'ai vécu un calvaire dans ma vie privée, mais là, j'étouffe. Tout ce que je fais, tout ce que je dis est un prétexte à me rabaisser. Le plus vexant, c'est de feindre de rire ou sourire devant les autres !

J'évite de parler. Je me sens seule. Parfois il me demande à quoi je pense. Que dois-je lui répondre ? J'ai peur de répondre ! J'ai des tas de choses à faire et je ne n'arrive pas à choisir ou à me décider. Est-il trop difficile d'en parler ? Je ne souhaite pas lui en parler. Il est vexé. Il aime bien savoir tout de moi. Mes pensées, mes idées... Tout est sujet à critiques. Mon thérapeute m'a conseillée de ne plus rien dire. C'est vrai, il y a moins de disputes quand je ne dis rien, mais... il n'y a pas de communication non plus, ce qui me fait penser que je me confiais trop, et que je parlais beaucoup.

Mars, la date de la croisière arrive. J'ai hâte ! Nous descendons par la côte italienne. Il faut quatre heures trente. Nous voulons arriver tôt pour ne pas être pris dans les embouteillages du port. Le bateau est immense. De belles vacances nous attendent, enfin je l'espère !

Si la musique country envahit les salles de spectacles, dans d'autres salles les danseurs se lancent sur la piste. C'est beau. Cela fait un an que je ne fais plus de danse country. Plus de salaire, plus de loisirs. Dario trouve que c'est trop cher. Tout est trop cher pour moi.

Alors qu'il doit retourner dans la chambre chercher son portefeuille qui se trouve de l'autre bout du bateau, je lui propose d'aller regarder les autres danser. Il accepte et viendra me chercher ici. Je ne dois surtout pas bouger. A peine a-t-il le dos tourné que je m'élance sur la piste avec les autres danseuses. Je suis heureuse. Et une deuxième. J'ai le temps d'en faire une troisième. Allez Katy, n'aie pas peur ! Trop tard. Je suis sur la piste de danse quand je le vois arriver. Pas la peine de m'éclipser pour ne pas qu'il me voie, je suis en sueur. Quand je danse, je me donne tellement à fond que je transpire toujours. Je termine ma danse et je viens vers lui. Il ne dit rien mais m'éloigne de la salle. Il n'aime pas quand je danse, parce qu'il s'ennuie dit-il.

Il m'offre quand même un cocktail le soir au spectacle. J'espère encore qu'il va m'offrir ce petit cadeau que je n'ai pas eu pour Noël ! Celui qu'il a oublié pour la Saint-Valentin ? Ou celui tout simplement pour le remerciement de ce voyage ou encore juste pour faire plaisir.

Le soir, après le spectacle, je prends ma douche. Lorsque je sors, Dario, qui avait tenu à apporter son ordinateur, est en train de faire défiler des photos sur l'écran. Sue le coup, je pense qu'il a déjà téléchargé des photos de son appareil. Ben non, il regardait les photos des Maldives, voyage qu'il avait fait avec cette Béatrice. Il dit que je suis jalouse, mais le fait-il exprès ? Ou s'en sert-il juste pour m'humilier ? Il me dit que c'est pour comparer l'étendue de la mer avec ses photos. Il continue de me prendre pour une idiote. Cet ordinateur était nouveau. Il venait de l'acheter juste pour la croisière. Un 10 pouces. L'excuse de dire que celui qu'il possédait déjà était trop lourd pour emporter. Nouveau et déjà les photos de son ex dessus. Décidément... Elle nous poursuit partout, celle-là...

Palerme. Un stand sur le port : bijoux, parfums. Dario s'arrête. Il regarde les fioles. Il les retourne. Ils sont beaucoup moins chers qu'en France. Il me le fait remarquer. Qu'en penses-tu me dit-il ? Je reconnais qu'il a raison. Je prends dans mes mains un parfum d'une grande marque, la bouteille stylée d'une femme mannequin. Je prends un flacon moyen, rose. Rose pour les filles. Lui en prend un bleu. Bleu pour les garçons. Et puis il dira *"Si nous n'en prenons qu'un grand, ça nous fait moins cher."* Je prends donc un grand rose. Il le repose et prend un grand bleu. *"Ce n'est pas grave toi, si tu mets du parfum homme, mais moi, ça ne va pas si je mets du parfum femme"*. Nous prenons le bleu. Il accepte que je mette une larme sur le cou durant la croisière.

Arrivés sur le sol de Serrano, nous récupérons la voiture. Tout est parfaitement organisé. Nous récupérons nos clefs et un gars va chercher la voiture.

Le trajet du retour se fait dans une bonne entente tout en revivant les souvenirs de cette croisière.

Nous rentrons à la maison. Fatigués, certes mais bien. Nous faisons comme d'habitude le tour de la maison pour voir si rien n'a bougé. Il faudra que j'aille voir à Dole si tout est en ordre.

Quelques jours plus tard, nous décidons d'aller faire quelques courses. Je n'aime plus faire les courses. Je dois pourtant le suivre comme une petite fille qui doit être présente et qui n'a pas le droit de toucher, de choisir... Je vaporise une goutte de parfum sur le cou. Je sors de la salle de bains. *"Dis-donc, tu as mis mon parfum ?"* *"Ben rapppelle-toi sur le bateau, tu avais bien dit que je pourrais en mettre ?"*. *"Oui, mais c'était sur le bateau. Après je ne vais plus en avoir..."*. Voilà comment je suis traitée. Qui accepterait d'être manipulée ainsi ?

Août 2011. Nous allons à une concentration moto à Commentry. Il dit toujours qu'il n'aime pas les concentrations et pourtant il n'y a que cela qui le tente. S'il se trouve avec quelqu'un qui aime, il aime, quelques minutes après, il se trouve avec quelqu'un qui n'aime pas pour la même chose, alors il n'aime pas non plus. Il n'a pas d'idées à lui.

Il donne son opinion par rapport aux autres.

Nous installons notre tente. Nous retrouvons des amis, ou plutôt des connaissances. Nous avons tendance à considérer que les motards sont sympas, mais ils sont comme les autres, il y en a des bons et des moins bons.. Quand vous vous retrouvez seule, sans argent, sans mobilier, et à la rue, vous n'existez plus. J'ai appris cela... A l'époque nous sommes tout un groupe de motards. Je suis toujours passagère, mais qu'importe. Comme d'habitude nous faisons le tour des stands. Je vois une ceinture à franges que j'adore. Elle coûte dix-huit euros. J'ai peu d'argent sur moi, seulement treize euros. Je demande à Dario de m'avancer cinq euros. *"Elle est moche ta ceinture. Tu ne vas pas acheter cela".* Une autre personne aurait pu faire la même remarque, il l'aurait trouvée magnifique. De la lâcheté ! Il ne veut jamais rien que j'achète. Si nos amis du moment sont francs, alors qu'ils se manifestent, qu'ils disent ce que j'ai ressenti et sa façon d'agir. Mais on le sait, il est plus facile de se tourner vers celui qui a l'argent. Je suis là encore déçue. Un stand plus loin se trouve un artisan. Il fabrique sur place des ceintures en cuir. Cinquante euros. Nous restons trois quart d'heures devant ce stand. Il se fait faire une ceinture et tout un bla-bla-bla devant nos connaissances sur sa ceinture. Il est au centre de tout le groupe. Cela lui convient parfaitement. On n'écoute que lui. Il est fier. Il la met de suite comme un gamin. Il la vante. C'est à lui. Je suis vexée. Il s'achète une ceinture en cuir cinquante euros et moi qui lui demande cinq euros il me les refuse. J'ai du mal à accepter sa façon d'agir. Je lui fais savoir. Il n'apprécie pas. Pour me punir, nous rentrons de vacances. Malgré le peu d'argent que j'avais sur mon compte en banque, j'avais réservé un camping dans le Lot, je suis anéantie. Il le sait. Il me dit qu'il s'en *"fout"*. Il en profite. Sa méchanceté lui envenime le cerveau. Dario est une personne qui ne pense qu'à lui. Il n'a aucun remords. Faire du mal psychologiquement est quelque chose d'inné en lui. Ma naïveté me joue encore des mauvais tours. Le reste des vacances, je dois couper les branches au chalet et chez lui, toujours l'esclavage.

Depuis quelque temps, les réflexions que j'entends autour de moi me font mal et je n'arrive plus à me contrôler. Dario se protège. Il a peur que je parle de lui. Alors il parle de moi avant. Il s'adresse plutôt aux femmes. Elles le croiront plus facilement. Je pleure. Je parle fort. Je m'énerve aussi plus facilement. Dario parle de moi et pas gentiment. Il dit ce qu'il peut de moi pour ne pas se sentir coupable.

Malgré tout, pour fuir l'ennui et parce que je suis, MOI, je propose de vernir la porte du bûcher. Il faut avant tout nettoyer les toiles d'araignée, lessiver la porte, etc. Je fais tout cela. Je suis bien parce que je suis seule et que je fais quelque chose. J'y passe une bonne partie de la matinée. Une fois le sale travail terminé, il saisit le bidon de vernis et le pinceau. *"C'est mieux que ce soit moi qui le fasse"*, dit-il, *"pour que ce soit bien fait"* Pourquoi est-ce que je reste avec lui ? La peur de l'abandon ? Je ne me reconnais plus. Je ne suis plus MOI.

Il décide aussi de repeindre l'entrée de la maison. Je l'informe que j'aime bien peindre et que je peux le faire. Nous prenons la voiture pour choisir une couleur. Comme d'habitude, il hésite entre deux couleurs et me demande mon avis. Je sais pertinemment qu'il n'en tiendra pas compte. Je choisis abricot. Il prend l'autre en me faisant encore tout un bla-bla-bla pourquoi il préfère celle-là. Je le sais, c'est juste pour faire l'inverse de ce que je veux. Pourquoi ? Pourquoi agit-il comme cela ? Le lendemain, il se lève plus tôt. Il a fait la peinture. Il savait que j'avais envie de la faire, alors il l'a faite. Quand il me demande pour l'aider à soutenir le plafond afin de mettre des lattes, alors là je me fâche et je pars dans mon bureau. Comment faut-il lui faire comprendre que je ne suis pas là pour faire le larbin quand il a besoin de moi ?

Pour se faire pardonner, et parce qu'il ne comprend pas mon comportement, il me demande de lui faire une proposition déco pour l'entrée. Juste une proposition, car je ne suis pas chez moi. Je lui propose une déco country (un point commun que nous avions au début). Oui ! Mais... tout le monde n'aimera pas. Oui, certes, rien ne plaira à tout le monde, car comme on le sait, nous n'avons pas tous les mêmes goûts. Il faut que ça nous plaise déjà à nous. Je propose alors autre chose que j'avais vu lors d'une visite en Alsace. Il ne comprend pas ce que je veux dire, il préfère abandonner. Ce sera forcément nul. Finalement il remet les tableaux poulbots qui doivent dater des années où ses enfants étaient encore gamins.

Cette semaine de vacances de Noël, j'achète un fonds de toile pour faire un cadre photo. Nous devions le faire à deux. Je lui en avais déjà parlé il y a une ou deux années. Ça ne lui plaisait pas, alors nous n'étions jamais revenus sur cette proposition. Aujourd'hui, sa fille en a fait, exactement le même que je voulais faire, alors maintenant c'est beau. Pourquoi ne m'écoute-t'il jamais ? Il prend la toile, le fait tout seul dans un coin comme un vieux garçon. J'ai payé mais... je n'ai pas le droit d'y toucher. Sur cette toile, il n'a mis que des photos de lui, aucune de moi, aucune de nous deux. Qu'est-ce que cela veut dire ? J'évoque l'achat de cette toile pour coller des photos choisies ensemble. Il démonte un cadre poulbot et me donne le fond du tableau. *"Tiens tu n'as pas à te plaindre, tu n'as qu'à t'en faire un !"* Oui mais... c'est beaucoup moins joli qu'une toile *! "Tu es difficile, se permet-il de me dire, j'aurais eu le même plaisir de le faire sur ce morceau de bois même vieux et sale".* Voilà l'objet que je suis avec lui ! J'arrive à l'échéance des années qu'il octroie à une femme. Il doit changer de femme. C'est le moment.

Je pleure toutes les nuits depuis quelque temps. Du regret. Regret d'avoir été trop amoureuse. Regret de supporter cette perversité par un homme que je croyais sincère. Du regret aussi parce que je sais qu'il fait tout pour me mettre à la porte. Il a juste besoin de quelqu'un près de lui. Sa fille est jalouse de moi. Elle ne veut plus me voir. Pourquoi ? Je ne lui ai rien fait. Dario dit que c'est parce qu'elle voit son papa malheureux avec moi. Comment peut-elle deviner cela puisqu'elle ne vient jamais à la maison ? Son papa se sert d'elle en espérant qu'un jour il aura besoin d'elle. Elle parlera pour lui et contre moi. Je doute de mon avenir avec lui. Je regrette aussi d'avoir quitté mon travail. Je le fais remarquer à Dario. Je lui demande d'accélérer les démarches de mon permis de séjour pour que je cherche du travail. J'ai des enfants, des petits-enfants, à qui je dois faire des cadeaux. *"Tu n'as pas besoin de faire des cadeaux à tes enfants, ils sont grands"*. Je lui rappelle encore le contrat qu'il a fait. Je n'ai encore eu aucune facture payée, aucun salaire au chalet.

Aujourd'hui, il nie ce contrat car il croit que je l'ai jeté. Mais... il n'en est rien. Il me dit alors qu'il n'aurait aucun remords si je me retrouvais dans la rue, alors que ce serait si simple de lui donner raison, d'accepter ce qu'il dit, ce qu'il est. Il suffit d'accepter ses idées. Il dit que je ne ressemble plus à rien. Quand je lui dis que je n'ai plus d'argent pour payer le coiffeur, il me tend un élastique, le plus banal, celui qui sert à fermer les pots de confitures et me dit qu'effectivement, je serais déjà plus présentable si mes cheveux étaient attachés.

Des humiliations comme celles-là, je n'arrive même plus à toutes les raconter. Il y en a tous les jours, toutes aussi cruelles.

Je n'existe plus pour lui, pour moi. Je suis interdite d'être ce que je suis, ce que je fais.

Samedi 25 septembre 2010.

Aujourd'hui, j'aurais aimé allé à la foire de Longwy. Dario avait déjà refusé d'aller à la virade du vingt-six septembre à Dole à cause du temps et donc nous avions parlé avec Jacky et Monique de la foire. Il est vrai que la météo n'était pas certaine et que pour la moto c'était un peu râpé. Donc nous travaillons un peu autour de la maison, malgré mon opération de ce jeudi (hernie à l'estomac).

Dimanche. Dario a des tickets gratuits pour la foire de Lausanne. Je n'aime pas aller à cette foire. Il parle durant des heures avec des chauffagistes,. Je m'ennuie. Pour éviter de nouvelles remarques désagréables, je décide de faire un effort. Je ne dis rien. Nous partons en moto.

Durant ce mois d'octobre, je participe aux travaux administratifs de Dario. Trois cent cinquante mails à taper. Il me donne la liste. La fin de la journée s'annonce houleuse. Il ne m'avait pas donné la bonne liste et moi comme une idiote que j'étais je ne l'avais pas vu... Comment pouvais-je deviner qu'il ne m'avait pas donné la bonne liste ?

Au réveillon de cette année, nous n'aurons pas d'invités. Il décide d'une fondue chinoise. On mange à vingt heures. Pourquoi est-ce que j'ose encore lui offrir un cadeau ? Un nouveau couteau pour sa collection. Pas un merci. Pas un mot gentil. Le repas se termine à vingt-et-une heures pour regarder une émission bien à lui. Je suis découragée. Pas même l'idée d'une préparation pour le repas de Noël. Je monte me coucher. Je n'ai ni l'envie de lire, ni l'envie de regarder un film... Je pleure... J'essaie en vain de fermer les yeux. Un soir de Noël, je dois encore prendre un somnifère. Trop de souvenirs reviennent en mémoire. Mes enfants... Mes premiers jours en Suisse...

Et puis, cette petite, voix, mon ange, qui me rappelle sans cesse de le quitter. Je n'ai plus de force. Parfois j'en veux presque à ma mère de m'avoir mise au monde...

Je me lève. Je prends un somnifère. Dormir pour ne pas penser !

Ce jour de Noël est un jour comme un autre. Il devrait être rempli de bonheur, de joie... de tendresse, aussi... Sa méchanceté envers moi est de plus en plus insistante. Au petit-déjeuner du vingt-cinq décembre, il m'embrasse sur la joue et me dit tout bêtement. *"Que cette journée soit cadeau. Noël c'est toute l'année. Il faut apprécier chaque moment... et chaque journée qui passe est un cadeau. Le seul que je pourrais t'offrir actuellement c'est l'euthanasie"*.

Je m'isole encore à l'étage devant mon ordinateur pour pleurer. Je visionne les photos de notre première rencontre. Tout a bien changé entre nous.

Cette fin d'année n'est pas très joyeuse pour moi. Dario me fait remarquer que je lui coûte cher. Je ne travaille plus, je n'ai plus de revenus. Il veut se mettre en retraite bientôt mais avec moi il va s'endetter. Il me demande de partir. Je suis de plus en plus mal dans ma peau. Que vais-je devenir ? Il annonce qu'il m'aidera financièrement pendant quelques temps et me laissera une voiture. Il a peur de la dénonciation que je peux engager contre lui. Et si j'agissais comme lui ? Sans remords ? Dario ne cesse de se plaindre à sa fille et à son ami Boulot. Je connais sa façon de faire désormais et je me méfie. Il a besoin d'un soutien... Il commence ma destruction et a besoin de *"faux témoins"*. Il se sert de ses amis pour arriver à ses fins. Me détruire.

Aujourd'hui, il est parti porter un cadeau à sa fille. Rappelez-vous, les miens sont grands, il n'est pas nécessaire de leur faire un cadeau... Sa fille a lui est plus âgée que mes enfants... Quand il revient, c'est pour me dire qu'il a raconté les misères que je lui fais. Il aurait voulu faire Noël seul avec elle, et je l'en ai empêché. Le menteur ! Elle est psychologue, dit-il, et elle lui a conseillé d'appeler la police pour qu'elle me mette dehors... Elle n'est pas du tout psychologue...

Claudius et Rosine viennent demain pour le réveillon. Il paraît que c'est prévu depuis une semaine. Je ne l'ai appris qu'hier soir. Nous nous levons tôt pour faire quelques courses. Dario prend encore le temps de lire son journal en prenant son petit déjeuner. Nous ne devons pas perdre un temps fou pour faire les courses. Je voudrais préparer quelques verrines. Il refuse. Qu'à cela ne tienne, nous préparons une liste et nous ne nous en tiendrons qu'à cela.

Cet après-midi, je prépare les toasts. Claudius et Rosine n'ont pas à subir nos états d'âme. Nous ne nous parlons pas. Dario passe une partie de l'après-midi sur son ordinateur. Qu'y fait-il ? A qui écrit-il ? A qui se plaint-il ? Je n'aime pas sa façon de tout faire en cachette et ne rien dire.

Nos invités arrivent vers dix-huit heures. Dario parle avec Claudius de leur boulot. Rosine me raconte ses petits problèmes. Je lui confie mes soucis. Claudius sort pour fumer. Dario l'accompagne. Elle m'offre alors un petit collier en perle (ce sera le seul cadeau que j'aurai eu à Noël). J'ai personnalisé une bougie avec une photo de leur couple... J'insiste pour qu'ils dorment à la maison. Dario me regarde avec un air rageur. Pris au dépourvu, il dit que c'était prévu. Comment faut-il aussi lui rappeler qu'il a déjà accepté de dormir chez eux pour moins de fatigue ?

Samedi 1er janvier 2011. Nous sommes debout avant Claudius et Rosine. Nous prenons notre douche et préparons la table sans mot dire. Ils décident de partir après le petit-déjeuner. Sentent-ils un malaise entre nous ? Nous reprenons nos habitudes quotidiennes, celles d'un couple en dérive, chacun de son côté. Il arrive à me convaincre pour aller faire de la raquette. Après-midi banal sans grande discussion.

J'avais promis de nettoyer la maison en revenant des raquettes. Je ne l'ai pas fait. J'y ai pensé toute la nuit. Avant de me faire appeler *"Arthur"*, je me lève à cinq heures du matin. Je nettoie entièrement le rez-de-chaussée. Quand il descend, même le petit-déjeuner est prêt. J'aimerais tant repartir sur de bonnes bases. A la place de cela, il me fait remarquer que j'ai mis des miettes partout sur la table de travail... je n'ai pas tenu parole. Je devais le faire la veille... Pourquoi avais-je aussi proposé à Claudius et Rosine de passer la nuit ? Il est inutile d'en rajouter plus. C'est moi-même qui lui tends le journal pour ne pas me sentir davantage, humiliée.

Inutile de donner d'autres explications. Je fais et je me fais remballer.... Télévision et ordinateur sont au rendez-vous de la journée... Est-ce bien utile le soir de tenter une réconciliation avec des câlins ? C'est trop facile ! C'est aussi durant la journée que j'ai besoin de tendresse, de petits mots gentils...

Aujourd'hui, Dario a décidé que j'irais chez le coiffeur. Je ne sais même plus si c'est pour me faire plaisir, ou plutôt la honte de me voir à côté de lui mal coiffée. Et même si je m'étais juré de ne plus faire de courses, mon cœur m'autorise à le faire encore.

2011

Super ! J'ai décidé de ne plus me laisser faire et vivre ma vie !

Une semaine est déjà avancée sur cette année 2011. Dario veut aller en France. Il veut acheter un livre sur les routards. Dans la librairie, pendant qu'il fait son choix, je feuillette un livre. Il me reproche de ne pas rester près de lui. Il y a des livres à la maison. *"Tu n'as qu'à lire les quatre accords Toltèques"*. *"Je l'ai déjà lu"*. *"Tu n'as qu'à le relire. Ça te fera du bien. Tu saisiras peut-être pourquoi tu n'arrives pas à comprendre mes idées"*. Tiens ! En disant cela, il arrive presqu'à admettre qu'il faut suivre ses idées... Pourquoi n'accepte-t-il pas alors de les partager ?

L'après-midi, j'ose lui demander, quand allait-il m'apprendre à faire du ski ? Pourquoi ai-je osé poser cette question ? Faut-il croire que je cherche à être rabaissée ? Ma pauvre chérie, je vois bien comme tu tiens sur des skis de fonds, ce n'est pas possible. Pourquoi allais-tu au ski avec les autres ? Béatrice, elle, tenait sur des skis. Pourquoi me compare-t-il sans cesse à elle ? Au début de notre rencontre c'était différent. Elle était grosse, elle était plus grande que lui, elle n'aimait pas marcher, elle n'aimait pas la moto ou encore si elle montait dessus, elle le déstabilisait. Aujourd'hui, et depuis qu'il l'a revue au chalet, il la vénère presque. Elle, elle tient sur des skis me dit-il ? Pourquoi cet acharnement contre moi ? Sait-elle courir ? Sait-elle danser ? Il me considère sans cesse comme une moins que rien. Il ne comprend pas. Il se trouve très attentionné avec moi. S'il me fait des remarques, c'est uniquement pour mon bien, pour m'apprendre à réfléchir davantage. Je le hais. Je ne le supporte plus. J'ai envie de lui dire ce que je ressens. J'ai envie de crier. Je crie. Je finis par dire tout et n'importe quoi. Quand je me calme soudain, il sort son portable de sa poche. Comme un trophée, il le brandit en l'air. J'entends de nouveau ma voix, mes cris. Il m'avait enregistrée. Je pleure. Je prends un somnifère. Je m'allonge sur le lit. J'ai un peu peur de m'endormir. Que va-t-il faire si je m'endors ? Je me réveille quelques heures plus tard. J'entends ma voix. J'entrouvre doucement la porte de la chambre. Dario est au téléphone. Avec qui est-t-il donc ? Je ne sais pas. Il est en train de faire écouter l'enregistrement à quelqu'un mais qui ? La honte m'envahit. J'ai envie de fuir, mais en même temps j'ai peur de me trouver en face de ceux qui ont entendu l'enregistrement.

Nous avions pourtant décidé de commencer l'année en parlant confiance. Ce soir, il va se coucher. Il ne me veut pas à côté de lui. Où vais-je dormir ? Il n'y a pas de lit ? Il me tend un matelas de gymnastique. Je l'installe dans mon bureau. Je trouve une couverture. C'est un lit de fortune. C'est bon pour moi.

Nous restons quelques jours chacun de notre côté, sans rien dire. Au moins pendant ce temps, il ne me dénigre pas.

Ce mois de janvier est un mois difficile pour moi. Dario m'interdit définitivement d'aller courir. Je dois faire de la gym à la maison. Pourquoi aller dehors ? Est-ce que je vois quelqu'un quand je vais courir ? Jaloux ? Oui c'est cela il est jaloux.

Nous sommes en mars 2011.
Il fait beau. Nous partons en balade avec un Club de motards pour une exposition motos et vieilles voitures. La journée est agréable. Nous admirons les engins. Nous

papotons, toujours sous l'œil pervers de mon chéri. Ai-je encore le droit d'aller aux toilettes ? Dario n'est pas loin. Il est avec un couple de motards et amis. A ma sortie des toilettes, j'entends Mariette dire *"Attention la voilà !"* Je ne dis rien. J'attends. De retour à la maison, je ne peux m'empêcher de poser cette question qui me tient tant à cœur. Que veut dire cette phrase ? Qu'a-t-il dit sur moi ? Il ne répond pas. Une femme lui téléphone. Il me certifie que c'est un bureau pour du chauffage. Me prend-il pour une idiote ? Les bureaux sont fermés le dimanche. Il me tend un papier et un crayon. Il veut que j'écrive noir sur blanc qu'il a une maîtresse. Je n'ai jamais dit cela.

Par moment, je prends une feuille et j'écris... J'écris ce que je subis. Peut-être pour ne pas oublier. Parfois, je laisse tomber cette écriture, non pour dire qu'il ne se passe jamais rien. Parfois il y a des bons moments, oui. Souvent des choses récurrentes, celles qui vexent et qu'il faudra toujours accepter par peur de se dire que je suis anormale. Donc, je n'ai pas envie de me répéter. Ces jours, il s'est passé quelque chose de spécial et je reprends mon journal. Si j'avais du fric, si je n'avais pas peur de me retrouver seule, alors je serais déjà partie loin.

Avril 2011.
Je vais chercher mon petit-fils à Strasbourg. Dario veut bien que je le prenne quelques jours en vacances. Durant le trajet Dario reçoit un message de Pierrick. Il est au chalet et nous invite à manger les grillades le soir. A dix-neuf heures, alors que je donne le bain à Dylan, Dario reçoit un message que j'intercepte avant lui. *"La brigade est arrivée. Pour infos".* Je lui tends son portable. Je lui demande ce que c'est. Le voilà de nouveau parti dans son bla-bla à n'en pas finir. Il reçoit

l'actualité sur téléphone. Il parle du séisme au Japon. Je lui demande s'il me prend pour une imbécile. Le message vient de Pierrick. J'imagine que c'est encore son ex qui s'incruste là. On le prévient. Je suis très en colère. Je veux savoir.

Il s'énerve. Il téléphone à Pierrick. Celui-ci avoue que Béatrice est là. Il pensait prévenir Dario pour que je ne sois pas là. Cette fois, devant moi, il lui demande de rendre les clefs. Il s'empresse de prévenir sa fille et son ami Laurent... Les quelques mots que j'entends suffisent pour me faire comprendre qu'il m'accable encore. Je l'ai obligé à faire partir les personnes du chalet... Le menteur ! Elle, elle ne représente pas tout le monde !

Dario propose de couper les branches et de nettoyer autour du jardin pendant que je m'occuperai de Dylan. Il fait beau, très beau, il va pouvoir jouer dehors. Nous ne parlons pas de la tension de la veille. Ça m'effraie un peu. Je sais qu'il respecte cela pour que Dylan soit dans une atmosphère calme. Je le touve sympa. Sympa aussi de se priver de moto. Il ne dit rien mais je pense qu'il a peur de ma réaction s'il partait faire un tour en moto. C'est vrai que je n'ai pas digéré ce mensonge encore une fois, concernant Béatrice et Pierrick.

Dario part après le déjeuner de midi. Il part faire une formation de deux jours en Suisse italienne. Je me retrouve seule avec Dylan. Le soir j'ai peur. Peur dans une grande maison avec un enfant qui n'est pas le mien. Cela a beau être mon petit-fils, j'ai peur. Je vérifie les volets et les portes plusieurs fois avant de me coucher. Et puis, je repense à ce week-end. Les mensonges qu'il continue à apporter... Si je lui ai toujours fait confiance, aujourd'hui, je me pose de réelles questions. Pourquoi Dario accepte de me laisser souffrir.

Lorsque j'en parle, il dit que je me fais du mal toute seule. Pourtant au début, il m'avait fait plein de promesses. Il ne voyait plus ses ex, me promettait un avenir heureux. Tout le monde disait que nous faisions un beau couple. Cette fille qui venait au chalet a tout détruit en nous. Dario ne me parlait plus... Il ne me faisait plus de cadeaux... J'étais constamment punie... rabaissée... humiliée... Et malgré les mails échangés entre nous, elle continuait à venir au chalet. Nous n'y avions pas remis les pieds depuis 2009. Je pense pour ne pas la rencontrer... Il calculait les journées où il n'y avait personne pour que j'aille tondre et l'entretenir.

J'ai mal dormi à force de penser et penser encore. S'il me fout à la porte, je n'ai plus de travail. Je vais me retrouver sans rien. Même si mes sentiments ont beaucoup diminué, je me force à me dire que ce n'est qu'une mauvaise passade.

Nous coupons encore quelques branches autour de la maison. Je suis satisfaite, j'ai bien travaillé. Désherbage, taille de la haie, semence de graines pour les salades. Nous montons une nouvelle fois au chalet. Dario en profite pour demander à Pierrick de rapporter les clefs. Dario veut que je m'excuse auprès de Pierrick ? N'est-ce pas à lui de s'excuser ? Je refuse. Je n'ai rien à dire sinon que je n'apprécie pas que Béatrice soit présente. Et voilà qu'il hausse la voix pour me dire *"on n'appartient à personne"*. *"on n'est plus amoureux à 50 ans"*. Sait-il simplement que oui on peut être amoureux à 50 ans, et que, quand on aime c'est pour vivre ensemble ? Connaît-il vraiment l'amour lui ? Lui ne connaît pas cela. Il a fait souffrir Sophie... Elle aussi a voulu se foutre en l'air.

Un jour je lui avais dit que je n'aimais pas sa façon de vivre. Il m'avait répondu qu'il assumait. Un jour aussi, alors que j'étais seule au chalet, il avait laissé une lettre avec un cœur en chocolat. Il voulait venir me retrouver au chalet sans que Dario soit au courant. J'ai montré la lettre à Dario. Je lui ai montré le cœur en chocolat. Il m'a répondu qu'il avait confiance à Pierrick. Comment peut-il faire confiance en ce mec ? Parce qu'il fait la même chose ? J'en veux à Dario, en quatre ans, il ne m'a jamais comprise ou encore, il a fait semblant de ne pas me comprendre. M'a-t-il vraiment aimée pour accepter cela ? J'en ai profité pour demander qui allait me payer les travaux ? Tous deux m'ont dit *"Jamais"*. Je n'ai pas accepté d'être encore humiliée. Pour me punir, Dario confirme *"si tu restes, tu t'occuperas du chalet tous les week-ends pendant que j'irai faire de la moto…"* Quelle punition ! Voilà l'ami auquel mon chéri se confiait…. Et pourtant aujourd'hui, je suis là uniquement pour faire la bonne et rien d'autre…

J'ai mal. Il m'accable. A cause de moi, les autres sont tous privés du chalet. Un regret ? Et moi, la femme qui vit avec lui ? Il ne cesse de me harceler en me disant qu'il l'a fait pour moi, mais qu'après, il regrette. Il retourne se plaindre vers sa fille.

Ma fille téléphone. J'ai oublié la carte d'identité de Dylan. Je dois la renvoyer par poste le plus vite. Dario ne veut pas me prêter ni voiture ni vélo. Je suis punie. Six kilomètres à parcourir. Heureusement pour moi, même si je ne cours plus depuis quelque temps, je n'ai pas encore tout perdu de ma lucidité. J'arrive juste avant la fermeture. Ouf ! Autant de kilomètres à parcourir avant le retour. Je suis épuisée. Je prends un médicament pour me relaxer. Je me suis endormie.

Au réveil, je regarde tout autour de moi. Je dois réunir quelques affaires. Comment fait-on quand on ne possède ni

voiture, ni argent pour prendre un camion... Je craque.
J'appelle ma fille. Je lui raconte mon désespoir, l'année que je
viens de subir, et, non, je ne peux pas tout lui dire... Je ne veux
pas. Ils ont leur vie et je dois me débrouiller seule. Comme je
regrette toute une partie de ma vie aujourd'hui, celle de n'être
pas partie plus tôt. Aujourd'hui, j'attends la fin de ma vie, aussi
monotone qu'elle puisse être. Je l'ai choisie cette vie, j'y ai cru,
comme j'ai toujours cru en tout. Quelle naïveté !...

Je suis encore assise sur le bord du lit à réfléchir,
lorsque Dario franchit le seuil. Peux-tu m'aider ? Peux-tu me
louer un camion ? Certainement pas. Il est ignoble. Il est bien
loin d'être le Dario des premiers jours. Il montre encore son
deuxième visage. Je me lève, saisit des cartons et je lui rappelle
sa fraude fiscale. Ce chantage réussit-il à adoucir les moeurs.
Ai-je eu raison de jouer au chantage avec cette fraude fiscale ?
J'aurais pu ne rien dire, partir et porter plainte après, j'aurais
gagné des années de vie. Dario tente une nouvelle fois de
remettre sur pied notre relation. Puisque je ne fous rien (un des
termes favoris de Dario à mon égard), je dois regarder des
relais motards dans le sud de la France pour aller faire une
virée. Pourquoi chercher puisque tu as très certainement choisi.
Pourquoi cherches-tu toujours des conflits ? Et ça
recommence ! Je suis encore négative avec de mauvaises
pensées. Finalement, la météo annoncée pour le week-end nous
autorise à annuler nos recherches.

J'ai décidé de ne pas en rester là. Je veux qu'il
comprenne qu'il n'a pas toujours raison et que souvent cela
dégénère à cause de sa mauvaise foi. Il n'aime pas avoir tort.
Pourtant il n'y a pas de quoi, on ne peut pas toujours avoir
raison dans la vie. Cela ne lui plaît pas. Il me critique encore, il
dit des choses méchantes sur moi et ma mère, alors qu'il ne
sait rien... Je suis trisomique... et le défilé de toutes les

méchancetés inimaginables pour m'accabler. J'admets quand j'ai tort et je sais le reconnaître. Mais lui jamais. Il arrive même à dire qu'il est Dieu, l'homme parfait.

Je ne supporte plus de le voir lire son journal en mangeant. Cela fait maintenant quatre années que ça dure. Le moment du repas pourrait être un moment privilégié, pendant lequel, l'un en face de l'autre, nous pourrions discuter sur les sorties à venir, les travaux à effectuer... Lui ne voit pas ça comme cela. C'est pour avoir de la discussion, dit-il. Il lit des articles... tout haut... cela m'ennuie à mourir... Je dois l'écouter. Je dois accepter... Je peux très bien lire, je n'ai pas besoin que l'on me fasse la lecture.

Mon petit ange gardien, est toujours présent quand je verse mes larmes, il est bien le seul. Il me rappelle bien des souvenirs. Combien de fois en sept années de vie commune, me suis-je dit *"Que vais-je devenir ?"*. Je ne sais pas. Je ne sais plus. La vie n'est plus possible entre nous. Jusque-là je rapportais les courses de France. Je payais. Il n'a jamais remboursé. Les tickets restaurants et les chèques vacances que j'apportais régulièrement payaient nos sorties. Pour le reste, j'en étais suffisamment privée. Combien de fois ai-je payé des notes de bar en cachette quand nous étions en groupe de motards, parce que Monsieur, promettait toujours de payer la *"prochaine fois"*... Et juste pour ne pas passer pour des radins... Il attendait patiemment que je touche l'argent du procès contre mon mari. Au final, j'ai décidé de *"mentir"* comme lui. J'ai raconté que j'avais perdu mon procès. Je n'aurais pas d'argent. Ce que j'ai gagné, je l'ai rangé ! Là c'est terrible ! Terrible d'être découverte ! Je transportais régulièrement avec moi les papiers de mon compte en banque afin qu'il ne tombe pas dessus. Je les planquais quand j'étais chez lui... Comment une personne peut-elle arriver à mentir en se cachant toute une vie ? Pour ma part, j'ai trouvé cela très contraignant. Avec l'argent qu'il mettait de côté, il a pu en acheter du matériel ! Changer régulièrement de véhicules, agrandir sa maison... Je ne dis pas que j'ai payé tout ça, je dis que j'y ai contribué en apportant tout ici.

J'essaie encore une fois d'arranger les choses. Je lui demande si l'on peut discuter. Quand j'aurai terminé mon *"offre"* dit-il. Il n'est pas venu. Je prépare un café pour engager toute discussion... Mais, le fameux Mais revient... ce serait mieux d'aller travailler un peu autour du chalet. On pourrait faire griller des saucisses et là on discutera... Cela me convient bien. Nous avons beaucoup à faire au chalet. Il faut tout changer de place. Il faut tout nettoyer. Les fourmis géantes ont grignoté tant d'objets dans le cagibi qu'il y a un gros nettoyage. Décidément, Pierrick, en quatre années au chalet, n'a vraiment rien fait. Dario enterre des tas d'objets encombrant dans le terrain du chalet, le recouvrant d'orties, de branches et de terre. Un peu plus tard, je remarque que la grande tente familiale que j'avais laissée au chalet est ouverte. Je regarde. Il a enterré également les chambres. Pourquoi ? Elle était neuve. Tu n'en n'as pas besoin, dit-il. J'en ai une. Nous avons assez d'une petite pour nous deux. A-t-il déjà pensé à ma destruction à cet instant ? La tondeuse est cassée. Dario enverra la facture à Pierrick ? Comment se fait-il qu'elle est cassée puisqu'il ne s'en sert pas ? Renseignement pris il la prêtait à ses clients. Puisque Pierrick n'est plus là, Dario veut que je paye la facture de la tondeuse. Je ne le ferai pas. Et il n'enverra jamais non plus la facture à Pierrick.

Il propose de partir les deux sur le plateau de Langres et le Morvan. Nous y découvrons quelques petits villages sympas tel le petit village de Vézelay. Le très grand nombre de motos garées dans ce petit bourg de Bourgogne nous oblige presque à faire une halte. Aucun regret, un petit bourg très joli... Nous nous baladons main dans la main. Nous nous regardons. Nous nous posons même la question. Qu'est-ce qui nous arrive ? Nous n'en parlerons pas plus pour ne pas gâcher la journée, car nous savons désormais comment cela se termine. Toujours mal. Après avoir supporté une averse de grêlons, nous arrivons à Clamecy où nous nous installons dans le premier hôtel libre. Impressionnant ! Un ancien hôtel rénové en hôtel. Très joli ! Dario est aussi émerveillé. Il ne regarde même pas le prix du menu.

Le retour sur Autun, Beaune pour revenir sur Dole prendre quelques affaires dans mon appartement. Et oui. Quatre années de vie commune et je loue toujours mon appartement à Dole. J'y mets toutes mes économies. Cela m'agace énormément. Je ne sais toujours pas quoi faire de ma vie.

Cet après-midi, je vais à Pontarlier faire des courses. Pour les courses, Dario ne dit rien et me prête volontiers la voiture. J'ai une liste et je ne dois rien prendre d'autres. Cela aussi m'agace fortement. A 53 ans, je n'ai pas une vie de femme. Je ne fais rien sans être dicté ou surveillé. J'ai une idée en tête. Je veux retourner voir mon psy. J'ai besoin de parler pour me libérer un peu. J'ai besoin de savoir si c'est moi qui débloque complètement. Le malheur avec moi, parce que cela peut en être un, est que je suis si franche que je dois lui avouer... je dois lui annoncer que je suis retournée voir mon psy. Je lui ai parlé de ma souffrance. Je suis rassurée, tout ne venait pas de moi. As-tu parlé de la mienne de souffrance, me dit-il ? Si tu veux parler de ta souffrance, alors va aussi voir un psy ? Nous avons *"bifurqué"* notre conversation sur tout autre chose. Nous nous sommes engueulés une nouvelle fois.

"Tu n'as qu'à crever !" a-t-il riposté. Il m'aime mais je dois crever. Nous n'arriverons pas à nous comprendre. Il y a eu une cassure dans notre couple et nous n'arrivons pas à la réparer Je ne peux pas partir. J'ai tout quitté pour lui. Lui le sait. C'est pour cela qu'il me dit que ça l'arrangerait que je crève. Ainsi plus de chantage.

Fin avril. Dario parle de mon anniversaire. Cela fait bien longtemps que j'ai fait abstraction de la date de mon anniversaire. J'oublie presque qu'il existe. Il a invité quelques amis au chalet. Je ne suis pas au courant comme d'habitude mais je dois me précipiter pour la préparation. Demain, combien y aura-t-il de personnes ? Nous ne le savons pas encore. Nous le saurons demain.

J'ai encore mal dormi. J'ai ruminé toute la nuit. Regret d'être venue en Suisse, avoir quitté mon emploi, lui avoir fait confiance… Il n'est pas la personne que je voyais et que je croyais. Aujourd'hui entretien du chalet. Ben oui ! Il l'a bien dit que je ferai l'entretien. Je ferai ce que Pierrick faisait. Il ne faisait rien. *"Et bien tu feras ce qu'il ne faisait pas !"*. Il veut me faire regretter. J'en ai bavé. Mais c'est surtout parce que depuis que je suis ici, je ne fais plus rien… J'ai d'abord tondu la pelouse à Giez, chez lui puis nous sommes partis au chalet… Tonte, coupe de branches, ramassage de pommes de pins, ramassage de branches, désherbage. Une journée très chargée.

Même si je n'étais pas au courant, je prends plaisir à préparer cette soirée grillades au chalet. Non pas dans le calme complet, vous le devinerez bien maintenant. Toujours accompagnée de ces désagréables mesquineries… Il faut mettre la table là, non pas là… regarde ce que tu fais… Une journée complète de brimades. Que dis-je ? Non, pas la journée et heureusement pour moi. Les motards arrivent. Ils quittent le lieu pour une balade. Je reste seule pour la préparation de la soirée.

Nous prenons l'apéritif sur le devant du chalet, à l'ombre car il fait très chaud. Je suis à la cuisine quand Dario sert l'apéro et passe du temps avec ses invités... Je sors... Dario explique à tous pourquoi il a renvoyé Pierrick le locataire du chalet à cause de moi... Pourquoi mêle-t-il d'autres personnes à nos histoires ? Je vais vous le dire. Il a besoin d'appui, de se faire passer pour la victime. Je suis la méchante et c'est lui qui subit...

Je n'y prête pas attention car je veux que la soirée soit bien. Je discute dans un coin avec une fille qui m'écoute. J'arrive encore à minimiser l'histoire pour le protéger. Suis-je aussi idiote ? Je le remercie tout haut d'avoir invité ces gens pour mon anniversaire... La gaffe ! Personne n'est au courant et tous se sentent gênés de n'avoir rien apporté. Dario s'éloigne prétextant que les grillades brûlent. On s'embrasse. La désolation se lit sur leurs visages. Pour moi, le plus beau cadeau est leur présence... On lève un verre à ma santé... J'en veux à Dario d'avoir mis tout le monde dans l'embarras... C'est moi qui pense cela, me dit-il, ils me l'ont dit juste pour me faire plaisir, cela les a certainement arrangés...

J'ai encore passé une nuit blanche. Mon petit ange m'abandonne. Lui non plus ne doit plus comprendre... Toujours se demander ce que je dois faire. Ma vie était-elle belle ?

Dario, un jour a dit *"De toute façon, tu as une vie meilleure que celle que tu as eu jusque-là"*. Oui, certes, puisque j'avais fini avec une mâchoire fracturée avec mon ex qui était violent. Mais si j'ai tout quitté pour lui c'est parce qu'il m'avait fait des promesses et j'y ai cru.

Ma famille a toujours dit que j'étais très naïve. A 53 ans, je le suis encore, seulement aujourd'hui, je m'en rends compte. Rester uniquement par peur de me retrouver seule et sans rien. C'est ça. Oui, peur de rester seule et sans rien. Je n'ai plus rien. Un loyer que je paye. Dans quelque temps, je ne pourrai plus le payer. Je ne sais plus quoi faire. Je VIS, simplement JE VIS.

Je commence à en parler un peu autour de moi. Certaines femmes m'avouent qu'elles n'accepteraient pas cela. J'ose encore lui dire sans toutefois verser un nom. Ne pas savoir à qui j'ai parlé l'énerve. Il me frappe sur les cuisses et les bras. *"Tu me salis"*, me dit-il ? *"Ne suis je pas salie moi depuis ces dernières années avec toi ?"*

Ce soir, il me demande quel petit plaisir je me suis fait aujourd'hui. Il a lu cela dans un magazine. Alors je réponds *"je ne peux jamais me faire plaisir, je n'ai pas d'argent"*. *"Il n'y a pas que l'argent"* annonce-t-il. Certes, mais cela y participe bien... Pourtant lui achète toujours n'importe quoi... Mon plaisir aurait été de danser, mais je ne peux me le permettre... Les regrets tourbillonnent de nouveau dans ma tête.

Avant de partir, je regarde mes mails. J'ai un mail de Poney Express, un resto Western de Fleurier. Il propose une soirée à vingt euros. Le restaurant Poney Express se trouve à quelques kilomètres seulement de Cieze. Nous y sommes déjà allés pour l'anniversaire de Dario. Là encore j'avais tout organisé. C'était au début de notre rencontre. Le menu était à soixante-neuf euros. Une ambiance western très agréable. Je renvoie ce mail à Dario. Je viens près de lui. *"Tu veux y aller ?"* demande-t-il *"Oui, j'aimerais bien"*. *"C'est encore trop cher"* marmonne-t-il ? Pas de miracle, nous n'irons pas. La méchanceté de cet homme continue à prendre de l'ampleur sur notre relation.

Dario a un rendez-vous aujourd'hui. En même temps, c'est l'anniversaire de mon amie Janik. Et même si je ne la vois plus aussi souvent, c'est parce que je ne suis plus sur place. Je sais qu'ils ont des contacts et elle me ment. Je n'oublie pas qu'elle a été bien présente pour moi, et je n'ai pas envie de l'accuser de quoi que ce soit, mais je ne lui confie plus tout. Dario accepte de me prêter sa voiture. Je suis surprise. Il me signe une autorisation pour prendre la voiture. Je ne lui annonce mon arrivée à Dole qu'en début d'après-midi. A force de passer des nuits blanches, je me suis endormie sur mon lit.

Je suis allée chercher des fleurs extérieures pour Janik. C'est son anniversaire aujourd'hui. Elle a cinquante-huit ans. Elle aussi a des soucis et nous devons parler toutes les deux. Nous sommes confidentes. C'est vraiment une amie. Monique me propose de rester manger. J'accepte volontiers. Je préviens Dario. Nous terminons la soirée à papoter. Nous ne sommes que les deux. Parler me fait du bien. J'aime beaucoup Janik et je n'oublie pas qu'elle a été présente dans mes moments difficiles. Nous nous confions l'une et l'autre nos petits problèmes de couple. Pourtant, plus tard, beaucoup plus tard, il me dira qu'il savait tout ce que je disais à Janik. Ils se téléphonaient. J'étais loin de penser à ça.

Je vais au grenier et commence à trier des affaires. Je mets de côté. Je jette. Je vais me débarrasser de tout ce qui m'encombre et ne me sers à rien.

Juste avant de reprendre le chemin du retour, je m'arrête faire quelques courses. J'achète des produits pour sa moto. J'ai beau me dire à chaque fois que je paie encore, c'est plus fort que moi. Mon cœur est là. Mon cœur ne doit pas faire du mal. Je sais que je n'aurai aucun merci. Je sais qu'il s'empressera d'aller l'essayer. Je sais que s'il ne dit rien, cela voudra dire que c'est bon. L'inverse il le manifestera à haute voix. L'égoïsme est toujours et sera toujours présent. Il a acheté un iPod. Il cherche des musiques. Encore un cadeau qu'il s'est fait. Il veut toujours avoir le meilleur pour se vanter et c'est quelque chose qui m'énerve.

J'ai laissé tomber un peu cette écriture, non pas qu'il n'y a pas eu de disputes. Elles sont toujours bien présentes au quotidien, mais tellement récurrentes. Elles se ressemblent toutes nos disputes. Elles démarrent presque toujours de la même façon. Parfois je veux essayer d'oublier ! Ce n'est pas facile ! Nous en parlons encore. Repartir de zéro ! Combien de fois avons-nous tenté ? Je décide de me contrôler quoiqu'il arrive et ne plus répondre ! Et puis la routine, toujours la même !

Une fois par mois, le premier vendredi du mois, il retrouve un groupe d'amis chauffagistes, eux aussi. Ils passent une journée de visite et mangent ensemble. Ce jour, il fait beau. Il part en moto.

Je dois aller encore entretenir le chalet. Il me donne des consignes. Je ne dois absolument voir personne. Je tonds jusqu'à ce qu'il n'y ait plus d'essence. Je ne mettrai pas d'essence. Ce n'est pas à moi de le faire. Alors je réfléchis. Que puis-je faire ? Je ne connais personne. Il y a bien cette fille, celle qui me confiait les allers et venues de Béatrice au chalet. Dario et Pierrick ont toujours cherché à savoir qui c'était, jusqu'à même dire que je racontais des histoires imaginaires. Cette fille a peur de Dario. Elle ne veut pas venir au chalet. Elle m'a confié tant de choses. C'est elle qui m'a confié que Dario allait voir Béatrice au chalet. Elle avait maigri pour le reconquérir. Après lui avoir certifié qu'il était parti pour la journée, elle décide de venir. Pourquoi me dit-elle tout cela ? Elle n'aime pas la façon qu'il a de me faire du mal. Et là elle veut me dire quelque chose d'important. Béatrice se vante de dire que je suis allée à l'hôpital psychiatrique... J'ai reçu des coups... et elle en parle autour d'elle. Comment sait-elle cela ? Il n'y a que moi et Dario qui le savons. Donc, Dario continue à voir Béatrice. Pourquoi parle-t-il de moi ? C'est une atteinte à ma vie privée. Tout en discutant, je cueille des cerises. Cette fille doit partir. Je rapporte les cerises au chalet et je commence à les dénoyauter pour en faire des confitures…

Ces paroles pourtant envahissent encore ma tête. Celle-ci est pleine, trop, beaucoup trop. Le soir j'en parle à Dario sans toutefois donner un nom. *"Ce doit être une fille payée par Béatrice pour te faire du mal, ou encore que c'est elle qui fait cela pour se venger de Béatrice…"* ose-t-il affirmer. *"Tu sais, Béatrice, elle a une langue de vipère dit-il. Elle entend tellement de choses dans son cabinet ! Elle répète tout"* Oui, justement, elle entend tout et elle répète tout et ça fait mal.

Je m'allonge sur le lit. Je regarde le plafond. Je fais encore un bilan de ma vie. Quand est-ce que j'ai fait le dernier ? Je vis au jour le jour. Parfois je ne me souviens plus de rien. Tout s'embrouille dans ma tête. Je la revis encore ma vie ! Elle n'est pas fameuse ma vie ! Je sais, vous pensez certainement que je me répète. Peut-être que j'en oublie ! Peut-être que j'en rajoute ! Qu'importe ! Ma vie ! C'est ma vie !

Quand je me suis retrouvée à l'hôpital il y a quatre ans, pour mâchoire fracturée, j'ai rencontré Dario, j'ai cru en ce changement de vie. J'avais le choix entre Dario et la Suisse ou encore le boulot, les amis, la danse… J'ai choisi Dario. Depuis j'ai quitté mon boulot, parce qu'il m'avait fait des promesses. Promesses non tenues... Plus d'amis, plus de danses… Même plus de country… Tout ce qui me passionnait… Plus rien… J'ai tout quitté, vraiment tout et je me suis encore trompée. Pour celles qui veulent multiplier les rencontres, je dirais, elles cherchent, mais moi… trois hommes dans ma vie. Pourquoi ? Mais pourquoi donc agit-il ainsi ? Quel est ce jeu ? Pourquoi m'a-t-il fait croire ? Pourquoi m'a-t-il fait souffrir ? Pourquoi ne pouvions-nous être comme un couple normal, seuls, avec nos amis, nos passions…

Aujourd'hui, je n'ai plus d'amis, plus de passions, plus rien. Je luis appartiens. Je ne dois aller nulle part. Je ne dois rien faire…

Août 2011.
Nous ne partons pas en vacances. Je suis punie. Punie de quoi ? Punie de ne plus avoir d'argent, punie de commencer à comprendre le sens de ma vie ou plutôt le sens de la vie de Dario. Il n'y a plus personne au chalet, cela lui manque. Il m'en veut. A tel point qu'il a décidé pour me punir que nous ne partirions pas en vacances. Puisque c'est ainsi, je travaillerai encore plus dur au chalet. Dans ces conditions, je refuse de continuer le travail. Il commence à m'empoigner par le bras très fort. Je ne le connaissais pas comme cela. Je comprends qu'il veut me faire payer l'absence de vie au chalet. Puisqu'il n'y a plus personne, il veut y mettre le feu. Ironiquement, je lui propose de lui donner un coup de main. Que n'ai-je pas dit là ! Quelques minutes plus tard, je vois la police débarquer. Que se

passe-t'il ? Un des policiers discute avec Dario, l'autre avec moi un peu plus loin. Je donne ma version très explicite de ce qui vient de se passer. L'autre policier s'approche de moi, me demande de rendre les clefs de la maison et de la voiture de celui que j'avais tant aimé. Je ne comprends pas, mais je vais vite comprendre. Me voyant partir dans la voiture des policiers, il me dit *"Appelle ton amie Janik, appelle là pour qu'elle te vienne en aide"*. Dans la voiture, les policiers me demandent qui est Janik ? C'est une amie Doloise. Elle a un fils malade. Elle s'occupe de sa maman très âgée et dont elle a la garde à la maison. Je ne veux donc pas l'ennuyer".

Ils me conduisent   d'abord à l'hôpital pour faire constater les violences sur mon bras. Le certificat médical établi, ils me conduisent à l'hôpital psychiatrique. Je demande pourquoi. Dario est arrivé à ses fins. Que cherche-t'il ? Je suis en larmes. Je pleure parce que, nous le savons tous, entrer dans un hôpital psychiatrique est facile. J'en ai une bonne preuve ici, mais on ne sait pas quand on va sortir. Surtout, j'ignore pourquoi ou ce qu'il a pu dire pour que je me retrouve là.

Ils ouvrent la porte du grand bâtiment aux murs rouges et tout près du lac de Neuchâtel. Nous pénétrons. Les portes se referment rapidement derrière moi. J'ai peur mais en même temps j'ai confiance.

Je vois un psychiatre, une femme à qui je tente d'expliquer mon désarroi ; comment cet homme veut me faire payer une vie que je refuse, et comment il tente de me *"déstabiliser"*. Je téléphone à un couple de connaissances suisses. Je ne sais pas comment ils vont agir. Je ne connais personne ici et j'ai un peu peur de leur réaction. Les policiers, avant de me quitter, veulent connaître les noms de ces personnes afin que je ne me retrouve pas seule. Je ne sais toujours pas pourquoi je suis là et ce qu'à pu raconter mon compagnon. Je m'attends à tout. Pour se disculper et se faire passer pour une victime, il est capable de tout.

Je passe le week-end chez ces amis suisses. Je leur promets de ne pas dire qu'ils m'ont aidée. Ils aiment bien Dario aussi. Que ce soit l'un ou l'autre, ils auraient rendu ce service. Dario m'appelle. Il cherche certainement à savoir où je suis. Pour quelqu'un qui n'est pas jaloux !...

J'apprendrai beaucoup plus tard qu'il avait téléphoné à mon amie et forcément donné sa version. Ce fut le coup de trop. Je m'en doutais. Mon amie qui avait du mal à mentir n'était plus la même avec moi. Dario ne voulait surtout pas que l'on connaisse sa façon d'agir. Il savait que je n'avais plus que Janik comme confidente. Je ne lui avais jamais raconté cette histoire. Parfois, elle en disait un peu trop qui me laissait comprendre que Dario la contactait. Je commençais à perdre confiance aussi en elle. Je sentais qu'elle me mentait. Elle ne m'appelait plus. Les numéros apparaissaient sur les factures de téléphone, donc ils étaient en contact. Il avait réussi à m'isoler de ma meilleure amie.

Dario me demande de revenir. Je pense qu'il est mal. C'est la première fois que je pars vraiment sans lui dire où je vais. Et si je le dénonce ? Alors il insiste. Il a une nouvelle proposition à faire.

Il faut te trouver un appartement plus près. Cela fera moins loin pour récupérer ton courrier. Et tu pourras trouver des contrats pour ton entreprise en Suisse. Un bla-bla-bla avec lequel pour une fois, je pouvais me mettre de son côté.

Il cherche quelque chose tout près de la frontière. Je cherche sur le net. Une location attire mon attention. Cinq-cents euros. Trop cher pour moi. Je ne peux tout mettre dedans. Bientôt je n'aurai plus un sou sur moi. Je souhaite arrêter mon entreprise puisque Dario m'empêche de travailler. Je n'ai que ce contrat qui me lie à lui. Je vis sur mes économies.

Octobre 2011.

Nous visitons un appartement aux Fourgs dans le Doubs, à trois kilomètres de la frontière. Idéal. Durant cette visite, je pense à quelque chose, ce quelque chose qui va encore me manquer : ne pas pouvoir voir mes amis. Tu les verras peut-être moins, mais nous irons les voir de temps en temps me dit-il. Le NOUS me fait certes comprendre que je ne pourrai plus les voir seule.

Nous prenons l'appartement. Dario comme à son habitude, dirige tout du début à la fin, même les papiers avec les propriétaires. Bien sûr tout est mis à mon nom. Dario vient à Dole faire l'inventaire de ce que je dois garder, vendre ou jeter. Je vends la cuisinière que j'ai achetée neuve l'année précédente pour cinquante euros. Tu n'en as pas besoin, aux Fourgs, tu as une cuisine aménagée. C'est lui qui décide de tout. Il faut jeter le lit avec le vieux sommier que j'ai récupéré lors de mon divorce. Le frigo, inutile de le rapporter non plus. Déchetterie. C'est lui-même qui va tout jeter. C'est lui qui gère mon mobilier. Nous pourrons en acheter sur place... Nous serons peu souvent aux Fourgs et tes deux lits pliants une place feront l'affaire. Je m'exécute sans rien dire. Il me promet encore que nous allons partir dans le Sud et que nous allons avoir une belle vie.

Mon ange est désolé pour moi. *"Tu te fais encore avoir Katy... Tu verras, tu ne finiras jamais ta vie avec lui... Il t'interdit d'être TOI... Ce n'est pas toi qu'il regarde... c'est lui... il a besoin de toi pour qu'on le regarde lui "*. Je donne le canapé à mon fils qui en a bien besoin... Je jette un bureau, je jette un meuble... J'en garde. Il voudrait que je jette encore... Je m'arrête. Je refuse... J'effectue seule le déménagement Dole-Les Fourgs. Je n'ai personne pour m'aider. Je fais des dizaines de voyages avec la Fiat... Je démonte tous les meubles. Dario vient le dernier jour pour charger les grosses pièces... Nous louons un camion qu'il accepte de payer. Je suis épuisée par ce déménagement et triste de quitter mes origines. Mais si c'est pour avoir une nouvelle vie. J'arrive encore à me convaincre que s'il fait tout cela c'est bien pour que je vive près de lui !

J'ai décidé de ne pas me laisser piéger une nouvelle fois. Alors pas de ménage aujourd'hui. J'ai bien fait. Dario reçoit une invitation de sa fille pour manger. Il ira demain. Je ne suis pas invitée. Sa fille ne veut pas que je vienne. Je dois respecter le choix de sa fille. Me respecte-t-elle ? Si je vais chez mes enfants, Dario vient régulièrement avec moi. Cela ne leur viendrait même pas à l'idée de m'inviter seule. Lui, m'écarte de sa vie. Il insiste encore en disant que je ne suis pas chez moi. Je dois l'écouter. Je dois lui obéir. Lui fait ce qu'il veut, il parle avec qui il veut, il peut passer la nuit où il veut... Nous ne sommes pas mariés.

Nous arrivons déjà à la fin de l'année. Je suis de plus en plus triste. Je n'ai pas revu mes amis. Je n'ai plus le droit d'aller à Dole. Je n'ai plus personne à qui me confier. Mes enfants, je ne veux pas les ennuyer avec ma vie. Je suis liée à lui. Je ne peux plus m'échapper. Plus question d'avoir une autorisation pour prendre la voiture. Je suis là. Pourquoi est-ce que je dois éprouver le besoin d'aller ailleurs. Il ne me reste que mon thérapeute que je vois en cachette de lui quand j'ai la permission d'aller faire les courses. Il ne sait pas que j'y vais. Au moins, lui m'écoute. Parfois, j'ai même le sentiment de l'ennuyer avec mes histoires. J'ose lui dire. Il me conseille. Il me rassure. Je n'ai pas le droit d'être punie à cinquante ans, et pourtant... Noël est un jour aussi banal qu'un autre jour, aussi pour moi, il est inutile d'en parler.

31 décembre 2011.

Nous rangeons un peu et visionnons les photos sur la télé. C'est celles de Dario que nous regardons. Puis, nous allons faire un tour au chalet. Je dois y récupérer une veste polaire. Petite promenade dans les prés., dans la neige. Ça fait du bien. Dario me demande ce que nous allons faire de ces jours. Je lui propose d'aller marcher. Il me rappelle même qu'il doit téléphoner à sa femme pour aller chercher des skis. Cela fait plus d'une année qu'il en parle... J'aime bien quand nous sommes dans la nature. C'est le seul moment où nous pouvons communiquer. J'insiste sur le fait que j'aimerais qu'il ne mente plus. La vérité est tellement plus simple avec moins de souffrance. J'insiste aussi sur une envie de vivre un bonheur, notre bonheur à deux, ne plus penser à rien d'autre que nous. Le soir, il reprend son journal. J'ai compris. Je vais à la cuisine. Mon bonheur je ne le voyais pas comme cela et je n'ai pas donné d'autres explications. Peut-être a-t-il compris que j'avais enfin décidé de faire ce qu'il avait toujours voulu de moi : employée de maison. Je prépare quelques pâtisseries.

Il me rappelle son anniversaire qui approche. Laurent aimerait reprendre ses bonnes années où ils fêtaient ce jour ensemble. Je ne suis pas contre. Sa fille doit venir, alors c'est moi qui dois partir. Pourquoi ne suis-je pas invitée ? *Tu peux nous servir mais ton assiette sera dans le frigo et tu mangeras à la cuisine. Nous sommes en famille"*. Je ne fais donc pas partie de sa famille. Pourquoi agit-il comme ça avec moi ? Mon ange sur mon épaule hausse les épaules. Il ne me comprend pas. Il ne me comprend plus. Je peux encore partir et pourtant je reste. Moi non plus, je ne sais pas…

Il annule encore son anniversaire, parce que j'ai décidé de partir et de ne pas faire la boniche ce soir. Cette occasion me permet de rester. Un coup de téléphone : Je décroche le combiné de l'étage. C'est Laurent qui appelle. La conversation est basée sur moi. *"J'te fouterais ça dehors avec un coup de pied dans le cul". Trouve toi une femme qui a du fric, bon sang, celle-là qu'est ce qu'elle t'apporte à part qu'elle a une jolie frimousse ! Tu vas payer pour deux et tu n'auras plus rien pour toi.* Je suis sur le *"cul"*. Moi... et il raconte ses histoires... Lui aussi a jeté des femmes... La même personnalité.

Aujourd'hui, j'explique encore une fois à Dario que j'en ai marre de son comportement. Pourquoi ne veut-il pas se remettre en question ? Il pense que c'est moi qui dois réfléchir. Il va bien lui, c'est moi qui ai un problème. Je ne lui dis surtout pas que j'ai écouté la conversation téléphonique. Mais j'ai peur de l'avenir. Que ce soit avec lui ou que ce soit seule. Il me dit que je n'ai qu'à me suicider. Il veut que je monte avec lui dans la chambre. Il a quelque chose à me montrer. Nous nous asseyons sur le lit. Il va dans l'armoire. Il en sort une boîte. De cette boîte il sort un révolver qu'il me met dans la main. Tiens, me dit-il, suicide toi, ou alors tue-moi, que choisis-tu ? Il devient fou. Je jette le révolver sur le lit. Je le regarde. Je ne connais pas les armes et je me demande si c'est un vrai ou si c'est un faux. Je me sens encore humiliée, ridiculisée. Que cherche-t-il ? Ce révolver restera jusqu'à la fin de notre histoire sur son chevet.

16 février 2012 :

Cette semaine ne s'est pas très bien passée. A toujours me reprocher de mal faire, me comparer sans cesse à Béatrice. Je ne comprends pas pourquoi il ramène sans cesse Béatrice entre nous. J'ai toujours cru qu'il m'aimait, qu'il n'y avait que moi. Je n'arrive plus à vivre avec cette pensée qu'il ait pu me tromper. Je pleure tellement que je n'arrive plus à écrire tous les jours depuis quelque temps. J'essaie simplement de ne plus répondre à ses humiliations. Aujourd'hui, si je l'accuse de quoi que ce soit, il portera plainte en diffamation contre moi... Diffamation de quoi ? Je me le demande bien. Il s'accompagnerait aussi de Pierrick, Béatrice et Laurent... ses trois amis... aussi manipulateurs que lui ! Pourquoi ?

Cela fait quelques jours que je n'ai pas repris mon journal. Pourtant il y a eu des hauts et des bas. Des critiques, toujours...

Cette journée s'est pratiquement bien passée. Durant toute la semaine, il a fait beau et j'ai coupé des branches, j'ai rangé dans toute la maison, dans le jardin... Du matin au soir... Je suis naïve, mais au moins je n'aurai rien à me reprocher. Aujourd'hui, je travaille pour survivre, pour manger... Je n'apporte plus rien m'a-t-il dit, alors je dois *"bosser"* chez lui.

Je parle trop vite. Ce midi, pourtant, voilà que cela recommence. Je fais à manger, je nettoie au fur et à mesure... Et voilà que les critiques recommencent à affluer. Je n'ai pas le temps de fermer un robinet qu'il me fait remarquer de le fermer. Je fais la vaisselle, je mets trop de produit. une goutte, parce que je sais qu'il me regarde et que je vais avoir une remarque, je mets une goutte. Peut-on me dire comment mettre une demi-goutte d'un produit vaisselle ? Et puis... Non, on ne fait pas comme ça... Cela paraît peut être absurde, mais les critiques, je les reçois régulièrement tous les jours, toute la journée... et c'est usant... Il n'y a que moi pour faire cela. Ses ex n'auraient jamais fait ça. Et quand je rappelle que j'allais nettoyer au chalet derrière Béatrice et ses amis, c'est la fin de tout. *"Béatrice, elle, est différente"*, et ça m'exaspère ! J'en ai marre. Si je le pouvais, je partirais, mais je ne peux pas. Je me demande encore pourquoi c'est moi qu'il a choisie, pour me faire souffrir ainsi ! Je le lui dis. Il ne comprend pas. C'est pour mon bien dit-il encore !

Et il griffonne cela sur un papier :

"Ceci est ma dernière tentative et c'est maintenant à toi de choisir la vie que tu veux. Réfléchis bien, je t'aime et crois-moi, si cela n'était pas le cas, il y a bien longtemps que tu ne serais plus chez moi."
"Si tu souffres d'un syndrome de la persécution, d'un manque de confiance en toi, je n'y peux rien. C'est à toi de faire quelque chose".
Dario

Le CHEZ MOI. Combien de fois ai-je entendu cette expression ? C'est CHEZ MOI. C'est MA voiture. Ce sont MES affaires. Tu n'as rien toi ma chérie. Est-ce la réelle raison ? Comment peut-il dire qu'il m'aime avec tout ce qu'il m'inflige ?

8 août 2012.
Invitée chez mon amie Janik* aux alentours de Dole, je me fais un réel plaisir de revoir les copains, les connaissances que j'ai depuis quelques temps déjà. Ces contacts qui m'ont aidée à garder le moral dans les moments difficiles, de bons souvenirs, de bonnes parties de rigolades entre autres. Mais

tout cela est bien terminé depuis que je suis avec Dario. Même les visites auprès de tout ce petit monde se sont espacées. Pourquoi ? Jalousie ! Il est jaloux. Il ne le montre pas devant les autres, mais une fois à la maison, les remarques désobligeantes se déchaînent et défilent... Les questions ? Es-tu sortie avec lui ? Et lui ? Il me semblait que tu étais bien proche quand je t'ai rencontrée...

Depuis quelque temps, il ne veut plus que j'aille à Dole voir mon amie, persuadé que je revois mon ex-mari. Pourquoi ? Une mâchoire cassée, je n'éprouve aucun besoin d'aller lui tendre l'autre joue. Je me confie. Je raconte encore à mon amie ce que je subis. Je dois en parler. Avoir un soutien, quelques mots sympas qui pourraient me remonter le moral ? Cela ne plaît pas à Dario qui me surveille de loin. La sangria servie sous la tonnelle du parc au bord de l'étang permet de nous retrouver tous ensemble. Dario n'aime pas trop venir chez Janik. Il est jaloux de ce qu'ils ont. Il a surtout peur qu'ils aient plus que lui.

Tant de bons souvenirs me reviennent à l'esprit. Je commence à regretter ma vie d'avant. Je commence à regretter mon choix. Celui d'être partie en Suisse. Dario a vécu avec plusieurs femmes quelques années chacune. Est-ce que j'arrive à échéance du changement de personne pour lui ? Il a toujours promis de ne pas m'abandonner, mais il a certainement fait la même promesse aux autres. Je ne pense pas qu'il ait pu leur dire dans trois ou quatre ans tu te *"barres"*. Je me demande même si j'éprouve encore quelque chose pour lui.

Sur le chemin du retour, Dario qui n'a pas apprécié de me voir papoter avec certaines personnes, prend de nouveau un plaisir à me rabaisser. *"Tu as été nulle. Si tu savais ce que les gens autour de la table pensent de toi, tu ferais moins la fière, plus personne ne t'aime ma pauvre chérie. J'ai parlé avec Mick, il dit que tu as changé. Tu n'es plus la même"*. Tiens, il a bien remarqué lui que j'avais changé. *"J'imagine que tu t'es encore bien protégé avec de bonnes paroles de ton côté". "Janik ne veut plus te voir et elle ne sait comment te le dire... Elle a dit un jour que tu étais schizophrène. Elle ne croit pas du tout à ce que tu racontes sur moi. Elle me l'a dit au téléphone"*. Cela me blesse cruellement... Pourquoi peut-t-elle dire une chose pareille de moi sans vivre avec nous, me juger, et surtout me comparer à son fils qui lui est atteint de cette pathologie ? Pourquoi nous a-t-elle invités alors ? Non il ment ! C'est sûr ! Elle ne peut avoir dit ça. On verra plus tard. Cela voudrait dire qu'elle aussi il la contacte toujours ? Se sert-il d'elle pour savoir ce que je lui confie ? Il veut se faire passer pour le gentil. Il sait à qui je me confie. Tout s'embrouille dans ma tête ! Tout se mélange ! J'essaie d'en savoir un peu plus. J'ai mal. Très mal. Ma meilleure amie... A qui faire confiance dorénavant ? Le ton monte. Les quelques cent-seize kilomètres qui séparent les deux villes semblent longs, très longs. Comme à chaque voyage que nous faisons, j'enlève mes chaussures. Je me sens à l'aise pieds-nus dans la voiture.

L'alcool commence à me monter à la tête ! Pourquoi sommes-nous allées chez Janik si elle ne veut plus me voir ? Pourquoi parle-t-elle de schizophrénie alors que quand je lui parle de Dario, elle parle de lui comme d'un radin et d'un égoïste ? Qu'est-ce que cela veut dire ? Je suis mal. La tête tourne. Mon cœur bat très vite. Je suis angoissée. Je passerai encore une nuit blanche à réfléchir à tout ce que Dario me fait subir, à ce que je dois décider pour moi. Je lui demande d'arrêter la voiture. Je dois prendre l'air. Pas de souci, je ne dois surtout pas vomir dans sa voiture, ce que je conçois très bien et il est inutile de me le rappeler. Vais-je vomir ou est-ce l'angoisse qui m'envahit encore ? Nous sommes à Novalles en Suisse. La voiture s'arrête. Je descends. A ce moment, le bruit du moteur se met à ronfler très fort dans la nuit et je vois la voiture partir en trombe. Je me retrouve seule en pleine nuit, en pleine campagne, sans lumière, sans papiers, sans téléphone, en débardeur et pieds nus.

Quatre kilomètres avant d'arriver à Giez. Il sait que je n'appellerai pas la police car je n'ai pas de papiers et je suis chez lui.

Je marche dans le noir complet. J'entends le vent souffler très fort. J'entends du bruit qui vient du champ de maïs devant lequel je passe. Je ne vois rien. J'ai peur de sentir surgir une bête devant moi. Le tonnerre gronde. Les éclairs flashent dans le ciel. Mes pieds me font mal. J'espère à tout moment que Dario, pris de remords, fera demi-tour pour venir me chercher. Il pleut désormais, très fort. Du remords ? Lui, il n'en n'a jamais. Faire du mal, OUI. Avoir du remords, JAMAIS.

Cela fait deux heures que je marche. J'arrive chez lui. Je suis trempée. J'ai froid. La voiture est là. Tout est éteint. La maison est fermée. Que vais-je faire ?

Le cabanon n'est jamais fermé à clef. Je m'enferme à l'intérieur et je m'allonge à même le sol. Pas de couverture, Rien. J'ai froid, très froid. Je n'arrive pas à m'endormir. Je pense de nouveau à cette journée, à cette fin de journée. Je ne peux même pas prendre mes médicaments. Je fais encore une fois le bilan de ma vie ? Combien de fois ai-je fait le bilan de ma vie ? Il est le même, avec des petits plus à chaque fois. Pourquoi est-ce moi qu'il a choisie ? Pourquoi ?

J'attends le lever du jour. J'attends le moment de voir sa réaction. Peut-il imaginer que je sois rentrée ? Peut-il imaginer qu'il ait pu m'arriver quelque chose ? Il ne pleut plus. J'entends la porte-fenêtre de la terrasse s'ouvrir. Je regarde à travers les lattes de bois. Il fait le tour de la maison, regarde un peu partout. Et puis il s'approche du cabanon. Il ouvre la porte. Je feins de dormir. J'ai peur. Il ne dit rien, referme la porte doucement. Il est certainement rassuré de voir que je suis là afin que rien ne lui soit reproché. Mais où aller ailleurs que se réfugier ici ?

Je reste encore quelques heures et je sors de ma cachette qui n'en n'est plus une. Il m'a cherchée. Il m'a trouvée. Je rentre par la terrasse restée ouverte. Il téléphone. A qui ? Je ne sais pas. J'écoute avant de faire mon apparition. *"Je pense qu'elle mettait son mari à bout pour qu'il la frappe"* disait-il. Quel sadique ? Quel être malin et sournois ? Je n'en crois pas mes oreilles !

Tout a dépassé ce que je pouvais imaginer. Même si un moment, je me suis posée la question et que pourtant tout arrivait doucement.

Il n'est pas facile de vivre sans un sou sur soi. Et c'est ce que je vis depuis un moment déjà.

Année 2013.

Je m'étais bien jurée à partir de cet instant, et puisqu'il insistait tant sur "Nous deux"en Ardèche de ne plus me laisser faire. J'y croyais encore. J'imaginais une nouvelle vie mais toujours avec lui. Son idée de partir dans le Sud, d'abord pour s'éloigner de son ex mais aussi pour vivre les deux, j'y croyais encore... et encore...

14 janvier 2013.

Dario reçoit une grande enveloppe. Je le vois en sortir une grande carte. Quand je lui demande qui écrit, il la cache et me dit que cela ne me regarde pas. J'ai mal. Il me cache tant de choses. Quand j'y réfléchis aujourd'hui, il ne m'a jamais dit "je t'aime". Il a fait des promesses, des bla-bla-blas, mais jamais de mots gentils. Le soir, lorsque je monte me coucher, il est dans son bureau, près de destructeur de documents. Je suis à l'affût de la moindre preuve pour confirmer son comportement. Demain, s'il n'a pas mis au feu, je regarderai. Je ne lui dis rien pour ne pas lui mettre la puce à l'oreille.

Le lendemain, toujours après avoir lu son journal en buvant son café, il doit partir voir un client. Il est en retraite mais il voit encore des clients. Que ce soit la vérité ou non aujourd'hui, je m'en moque. Pour moi, il est important de rassembler des preuves pour pouvoir partir et porter plainte sur ce qu'il me fait vivre. Il est aussi important pour moi de me faire reconnaître comme victime. J'ai beaucoup trop souffert. J'attends qu'il monte dans sa voiture. Je surveille la voiture jusqu'à ce qu'elle ne soit plus en vue. Je monte dans son bureau. Tout ce qu'il a cherché à détruire est là en mille morceaux. La carte reçue hier est aussi déchiquetée. Tout le reste ne sont que des papiers imprimantes. Je retourne donc la corbeille, je mets de côté tout ce qui fait partie de la carte. Un véritable puzzle. Je m'installe à même le sol, je tente de reconstituer la carte. Je mettrai plusieurs heures pour recoller tous les morceaux. Une grande carte *"Titi et Gros Minet"* pour son anniversaire signé *"Ton petit rayon de soleil".* Ce n'était pas moi. Encore elle. Elle m'aura pourri des années de ma vie. Dario aussi.

Je cherche du travail en cachette. Si je trouve un emploi je pars... Je ne lui en parle plus. La première fois, j'avais eu une réponse négative, il imaginait l'entretien que je pouvais faire, et qu'avec la tête que j'avais, on ne pouvait me prendre. Il imaginait aussi que, si je me trouvais en face de lui pour une embauche, il ne me prendrait jamais. Disait-il la même chose au début de notre rencontre ? Ne se souvient-il pas du contrat signé ? Des travaux et des promesses au chalet ?

Je ne dois plus aller faire les courses seules. Les sorties se feront les deux. S'il veut sortir seul, j'attendrai gentiment à la maison. Désormais, je dois faire tout ce qu'il veut. Il n'y a rien pour moi. Je ne peux aller nulle part car je n'ai pas d'argent. Je comprends que ta femme ne se plaisait pas à Giez, si elle vivait la même chose. Je ne peux même pas aller à pied me promener en ville. Je ne peux avoir la voiture puisque tu dois signer une autorisation. Alors que toi, tu dépenses bien pour toi. Normal, tu travailles et c'est chez toi. Les quelques vêtements que j'ai achetés à nos débuts amoureux, je ne pouvais choisir pour ne pas encore me faire rabaisser... comme si cela pouvait me la faire boucler pour ne rien que je dise... Je sais que tu ne te fais pas de souci pour ma retraite. Tu ne seras pas là pour le voir et cela je le sais, tu t'en moques bien. Tu as ce qu'il faut pour vivre, c'est le principal... ton égoïsme reprend le dessus.

Je n'ai même plus le droit d'aller à mon appartement aux Fourgs. Parfois nous y allons tous les deux. Dario s'empresse d'aller à la boîte aux lettres. Il a du courrier. Comment se fait-il ? Qu'est-ce que c'est ? Ce sont des lettres qu'il fait envoyer de Suisse. Je ne dois pas savoir. Cela ne me regarde pas. Pourtant c'est chez moi ici... Je paie pour rien cet appartement. Juste pour avoir une adresse en France.

J'ai fait beaucoup d'efforts. Toi tu n'en as pas fait ? Tu vis pour toi, alors que fais-je moi ? La semaine dernière, j'étais contente quand tu m'as dit que nous partirions le jeudi et être un peu ensemble que les deux. Je n'y avais pas cru car je suis très naïve, et je garde toujours un espoir sur ce que tu dis. J'ai eu raison encore. Et encore de ne pas me laisser parler. Mon Dieu, mais qu'ai-je fait pour mériter cela ?

Jusqu'à ce que mes enfants partent, je m'occupais d'eux, j'avais au moins quelque chose à faire. Tu voudrais que je fasse ton ménage, alors que je ne fais jamais rien et je n'ai rien à côté.

Te rends-tu compte que je suis privée de tout. Je ne peux pas répondre au téléphone, si je fais quelque chose, c'est mal, je ne dois rien déplacer, ni toucher à quelque chose... Que fais-je ici ? Tu as raison quand tu dis que je suis constamment sur mon ordinateur. Je cherche du travail, juste pour ne pas te dénoncer, et je m'enfonce.

Le comprends-tu ? Tu me mens régulièrement. Est-ce bien ça la vie à deux que tu souhaitais ?... Tu reçois des mails de nos amis. Je n'ai pas le droit de savoir ce qu'ils disent. Ils téléphonent. Je n'ai pas le droit de connaître la raison. Tu fais cela pour que nos amis ne me parlent plus et que je reste seule. Tu passes ton temps à regarder tes mails et tes photos sur ton ordinateur. Qu'as-tu de si important à cacher ? Sur tes mails ? Dans ton armoire ? Qui est encore dans ta vie ? A qui donnes-tu de l'argent ? Puis-je penser que tu entretiens quelqu'un d'autre ? Pourquoi ne peut-on rester ensemble tranquillement ? J'ai le sentiment que tu m'emmènes avec toi pour ne pas être seul, mais que je ne compte pas du tout dans ta vie.

J'ai cru en toi, quand tu m'as parlé de vivre à deux, du boulot, de la retraite, etc.... Aujourd'hui, j'ai perdu encore des années. Qu'attendais-tu de moi ?

Février 2013.

A la recherche d'un emploi, je regarde régulièrement le site de Pôle Emploi. Je n'ai droit à rien, aucune indemnité de chômage. Je suis toujours en auto-entreprise pour laquelle je ne gagne rien puisque je suis interdite de partir tous les jours. Quelle preuve vais-je apporter si je ne rapporte rien ? La conseillère du Pôle Emploi me propose un emploi "aide-ménagère". Payée au SMIC, être présente le matin et le soir avec coupures, ce n'est pas possible. Déjà par le nombre de kilomètres, mais également comment expliquer à Dario qu'il me faut la voiture toute la journée et à des heures bien précises. Je me penche sur d'autres offres. Bien que l'on ne me propose pas tout, je vois une offre m'intéressant particulièrement. Factrice. neuf mois. Pas besoin d'expérience... Pontarlier et alentours. Je me présente. L'expérience que je possède dans la distribution de prospectus me permet d'avoir la place. Je commencerai le quatre mars et ceci pour neuf mois. Le contrat signé, je file chez Dario lui rapporter mon embauche. Fière de pouvoir lui faire remarquer que je ne suis pas celle qu'il me dit être.

Il insiste pour dire que ce n'est pas la peine de prendre cet emploi. Qui va payer l'essence ? Il se met en retraite à la fin de l'année et nous allons chercher une maison dans le Sud pour y passer le reste de notre vie. La question toujours décisive pour moi *"Que vais-je faire s'il t'arrive quelque chose ?"*, reste toujours malgré tout sans réponse affirmative. Je prends l'emploi. Je mets l'essence pour aller au travail. Formation de deux jours et puis... je démarre seule. J'ai une voiture de fonction. Je distribue le courrier et les colis dans les petits villages. Dario ne voit pas cela d'un très bon œil. Tous les après-midis, il me fait remarquer que je devrais laisser tomber ce job. Il a vu des maisons en Ardèche que nous pourrions aller visiter. Je refuse. Il me donne cette première semaine de réflexion avant de boucler la voiture et confisquer les clefs. Je ne peux plus aller à mon travail. Je suis en colère. Je lui signale que je le fais pour moi, pour ma retraite. La fin de mon contrat me permettra également de bénéficier du chômage. Il me conduit chez le médecin. Je dois dire que j'ai mal dans le dos. Je ne sais plus ce que je dois faire ni où j'en suis.

Le médecin me signe un arrêt de huit jours à la suite duquel je reprendrai mon emploi. J'ai un peu peur des réflexions pour la reprise. Tout se passe bien pourtant. On me donne un secteur en ville en vélo. Mais je dois me rendre au dépôt et pour cela j'ai toujours besoin de la voiture personnelle de Dario. Il fait remarquer qu'il paye l'usure de la voiture. Pour gagner le smic j'exagère un peu. Nouvelle punition ? Il retire de nouveau les clefs. Là encore, j'envoie une lettre comme il le suggère pour dire que j'ai trouvé du travail en Suisse. Oui je suis majeure, me direz-vous ? Je pourrais partir. Mais voilà ! Dario a bien calculé son coup. Je n'ai plus de voiture, plus d'argent... Il ne me reste que mes meubles dans l'appartement des Fourgs que je loue encore... Mais sans voiture, que puis-je faire ?

J'en profite aussi pour surveiller ma boîte aux lettres. Je dois commencer à amasser des preuves de ma bonne foi s'il m'abandonne. Je veux savoir ce que sont ces lettres que Dario reçoit chez moi. Le facteur vient d'en apporter une pour lui. Je suis seule. Je ne l'ai jamais fait. Mais là je suis curieuse. J'ouvre. Une facture d'un chauffagiste suisse 23 000 francs. N'est-ce pas une belle preuve s'il m'abandonne ? Il détourne de l'argent suisse. Je comprends vite pourquoi il était nécessaire d'avoir une adresse plus près. Pourquoi il ne me proposait pas d'aller vivre près de lui ? Il ne me confiait rien mais profitait bien de moi... Je file faire une photocopie. Je colle l'enveloppe comme je peux. Dario ne s'aperçoit de rien quand je la lui tends.

Nous décidons de contacter un thérapeute de couple sur Pontarlier. Le premier rendez-vous consiste en quelques renseignenemts mais surtout sur nos attentes ?

Le thérapeute tente de dissuader Dario de vendre sa maison pour en prendre une à deux. En effet, je vis dans les souvenirs de Dario. Il y a même des photos partout. Dario insiste ce n'est pas possible... avec un bla-bla-bla. En Suisse, tout est différent... et bla-bla-bla....Le thérapeute propose que l'on installe mes meubles chez lui pour que j'aie aussi du mobilier à moi. Dario refuse. C'est chez lui avant tout et il n'aime pas mes meubles. Me laisse-t'il le choix ?

Je lui annonce alors qu'il est inutile de continuer à payer une thérapie de couple puisqu'il ne veut pas suivre les conseils. Il est d'accord parce que cela lui donne des torts, mais il ne s'en vante pas. Là, il m'accable encore de refuser toute thérapie de couple parce que je sais que c'est moi qui ai tort.

Mars 2013.
Dario manifeste de nouveau son désir de partir vivre sereinement dans le Sud les deux et s'éloigner de son ex.

Dario, toujours dans son délire d'acquérir une petite maison en Ardèche, passe son temps à la recherche d'abord d'un gardiennage à deux. Suivant le nombre de refus pour manque d'expérience, il cherche une petite maison. J'aimerais connaître ce plaisir de regarder ou chercher avec lui. C'est lui qui paie donc il est inutile de faire une proposition. Je m'installe dans mon bureau et regarde sur le site, sans rien lui dire, juste par simple curiosité. Comme il paie comptant, il faut trouver quelque chose de pas très cher, mais sympa.

La fin du mois d'avril approche. Dario m'annonce que nous allons descendre dans le Sud visiter quelques petites maisons dont il a imprimé les annonces. Je ne sais ni où, ni à quoi elles ressemblent. Je dois suivre.

Comme le temps est maussade ces jours et la météo annonce frais un peu partout en France, nous partirons en voiture. Nous chercherons un mobil-home pour rester une semaine. *"Crois-moi, je veux que nous vivions ensemble le reste de nos jours. Nous allons nous marier, si cela peut te rassurer pour ta retraite. Nous ne parlerons plus de Béatrice. Avec le mercredi 1er mai, le 8 mai et l'Ascension qui se trouve être cette année le 9 mai, cela pourra nous permettre de prendre une petite semaine de congés, les quelques jours ouvrables de cette période serviront uniquement aux visites d'appartement".*

Les essuie-glaces glissent sue le pare-brise durant presque tout le trajet. Nous arrivons Les Vans. Nous cherchons un camping. Ce n'est pas la bonne saison. Beaucoup sont encore fermés. Finalement nous trouvons vite un mobil-home près du Chassezac.

Le jeudi 2 mai, nous pénétrons dans la petite agence immobilière de la place des Vans. La commerciale qui doit nous recevoir est en retard. Une jeune femme, souriante et chaleureuse, nous reçoit. Elle cherche sur le site des petites maisons, histoire de nous faire patienter. Nous les avons déjà toutes regardées. Mais Dario qui a déjà flashé sur elle, lui confie que nous faisons de la moto mais nous sommes venus en voiture... Il commence à lui raconter sa vie. Elle annonce qu'elle aussi fait de la moto.

La jeune fille, Marion, avec qui nous avions rendez-vous arrive. Elle note les maisons que Dario a sélectionnées. Nous pouvons en voir une de suite, puis une autre demain. Banale, elle aussi, mais tout aussi agréable, elle nous guide pour une visite. Dario trouve toujours quelque chose à redire.

Le lendemain, celle-ci nous convoque pour visiter une petite maison qu'elle trouve charmante dans les hauteurs. Une dizaine de kilomètres sépare l'agence de ce petit hameau. Une vue superbe surplombe la rivière et les monts d'Ardèche. Elle est très propre, le mobilier en partie customisé avec goût nous convient parfaitement. Je craque. Lui aussi. Nous retournons à l'agence. Dario insiste auprès de la vendeuse pour obtenir les meubles afin de ne rien avoir à déménager. Comme d'habitude, il joue de son charme, et s'acharne pour les avoir gratuitement. Quand la vendeuse lui demande ce qu'il compte faire pour elle si elle y arrive, Dario lui promet (encore une promesse) de lui faire une fondue suisse quand nous serons installés.

C'est la directrice de l'agence qui finalise la signature des papiers suivis d'un compromis de trois mois. D'entrée, il commence à faire quantité d'éloges sur l'assistante qui nous avait reçus la veille. *"Elle fait super bien son travail, elle est ravissante"* s'empresse-t-il de dire à la directrice de l'agence. Pour celle qui avait tout fait, aucun compliment. Il n'aimait pas son physique donc elle n'avait pas droit à un compliment sur son travail. Dario ne parle que de SA nouvelle demeure. Il me propose de mettre une partie dedans. Elle coûte 90 000 euros. Je pourrais encore éventuellement y mettre 10 000 euros. Il sait que j'ai encore cette somme. Je lui ai dit que j'ai réussi à mettre de côté ma prime à la création d'entreprise. Cet argent que j'ai obtenu de mon procès. Je réfléchis. Comment fait-on aussi avec le notaire ? *"On m'est à mon nom puisque je mets la plus grosse partie, mais fais-moi confiance. Il faut vraiment que tu apprennes à faire confiance".* Depuis quelque temps, j'ai perdu toute ma confiance en cet homme. Je ne sais même plus pourquoi je reste. La peur d'être sans rien. La peur de me retrouver seule... Je ne sais plus. Je ne sais pas... J'avais tellement cru en lui... en nous... pour nous... et puis tout dégringole... encore, il me promet de ne jamais m'abandonner. Je dois lui faire confiance. Néanmoins, je ne mettrai jamais cette somme... Et Dario me le fera encore payer... Méchanceté... Isolement... Séquestration... Rabaissement... Plus souvent... et durablement...

A partir de cet instant, l'Ardèche qui aurait pu être une nouvelle vie est devenue un calvaire pour moi.

Mai 2013.

Nous sommes de retour à Giez. Nous buvons un café sur la terrasse. Dario pour une fois, n'a pas son journal dans la main. Nous devons encore parler dit-il ? J'ai passé une annonce. Il est inutile que tu gardes ton appartement aux Fourgs puisque nous partons vivre en Ardèche. Je lui explique que j'ai trois mois de préavis à donner pour la résiliation du bail. Mais... il a déjà tout calculé. Pour ne pas avoir trop à déménager, tu vas laisser tes meubles dans l'appartement et nous le laisserons à la personne qui rachète tes meubles.

Le soir, nous avons plusieurs appels pour ce logement. Les personnes intéressées sont surtout celles travaillant en Suisse qui souhaitent vivre en France. La première personne, une infirmière, accepte la proposition. Elle viendra demain le visiter. Dario veut que je fasse une lettre pour la nouvelle locataire. Pour être certaine qu'elle reprenne mes meubles, il faut une signature. J'oublie volontairement de le faire car je ne suis toujours pas d'accord. Je voudrais louer un box pour les garder. Il ne me reste déjà plus que ça.

L'infirmière aime l'appartement. Dario me demande la lettre pour lui faire signer. Je ne l'ai pas. Il ne se démonte pas. Il prend un papier et l'écrit lui-même, à main levée. Elle signe. Trop tard ! Je n'ai plus mon mot à dire. Mes meubles ne m'appartiennent plus. La propriétaire n'est pas très heureuse de n'avoir pu choisir elle-même mais la loi exige que je trouve un remplaçant si je quitte les lieux plus tôt.

Dario ne comprend pas mon inquiétude. Tu vas tout récupérer en Ardèche. Je te l'ai promis, ose-t-il me dire encore !

Je dois quitter les lieux pour le 31 de ce mois. Je passe ces prochaines journées à mon déménagement.,. ce qu'il me reste. Un peu de vaisselle, deux lits pliants, quelques linges, gadgets... une table de salon d'une valeur sentimentale, que je souhaite rapporter chez mon fils dans le Jura. Je me suis presque battue avec Dario qui voulait que je la vende avec le reste... Il signe mon autorisation pour la voiture. Là encore, je fais mon déménagement seule. Il ne viendra que le dernier jour avec une remorque pour porter cette table de salon, mais aussi pour être certain que je liquide mes deux téléviseurs. Ils sont vieux mais marchent encore bien. Il ne veut pas s'encombrer avec, de même que mon ordinateur à colonne. Nous allons acheter un IMac en Ardèche ce sera pour toi, dit-il encore.

Il prend la remorque. Nous chargeons ma table de salon que j'ai refusé de vendre. Je veux l'emporter chez mon fils. Ton fils habite trop loin, dit-il et elle sera très bien en Ardèche. Je ne veux pas. Je refuse. Il promet de la poser en France. Au dernier moment, là où la route bifurque, il prend la route de Suisse. Il fait nuit. Nous ne verrons pas de douanier. Il l'emmène chez lui. Je suis en colère. Il la descend avec un copain. Qu'ont-ils l'intention d'en faire ? Il la met dans le cabanon. Je menace de prévenir la police. Il m'enferme dans la maison et pour que l'envie de me prenne pas de partir la nuit et sur un coup de tête l'accuser… Il met l'alarme de la maison…

Bien qu'il soit tard, Dario passe son temps devant l'ordinateur. Quand je passe près de lui, il change la fenêtre virtuelle qui apparait en grand sur l'écran. Pourquoi ? Martin Bessin propose d'aller à son rassemblement en juillet. Nous ne pouvons pas, écrira-t-il, nous venons d'acquérir une maison en Ardèche et nous devons nous préparer.

Ce sont ces deux mois aussi, où Dario prépare ce qu'il doit faire. *"Changer ses papiers, les voitures, que devons-nous emporter… ?"* Autant de choses à faire qui lui rappellent que je n'ai plus rien et que nous devrons vivre à deux sur sa retraite… Mais est-ce vraiment la raison ? Que cache-t-il ? Jean-Luc vend son bateau. Nous pouvons lui racheter. Le louer où faire des balades pour le rentabiliser. Pas de déclaration aux impôts. Il est encore en Suisse. Ils n'iront pas le chercher en France.

Il veut faire des travaux dans la maison Suisse. Il veut louer l'étage de la maison. Personne de s'en apercevra. Il va demander à son fils. Cela fait plus de dix ans qu'ils ne se voient plus, mais il sait qu'il cherche une location ou acheter. Si ça reste dans la famille, il pourra dire qu'il l'héberge, qu'il le dépanne, pas de déclaration aux impôts.

Je regarde sur le net s'il existe un club country dans la région. Ardéchoise. Il a vu. Forcément qu'il a vu puisqu'il me surveille. Il ne va tout de même pas payer l'essence pour mes loisirs. Je peux lire tranquillement sur la terrasse ? Je commence à sentir que la vie en Ardèche sera aussi médiocre. Je m'isole encore dans ce qui me sert de bureau. Je médite. Pourquoi n'ai-je jamais réussi à m'imposer durant ces sept années de vie commune avec lui ? Pourquoi alors que je n'ai jamais eu le droit de choisir, de participer, il a pris cette maison sur laquelle j'ai craqué. Et si, en fin de compte, c'était juste pour avoir une intuition féminine ? "Me larguer et me remplacer". Il dit que je suis folle. Pour me prouver le contraire, il veut que j'aille avec lui chez le notaire. Va-t-il enfin tenir sa promesse de l'usufruit afin que je ne me retrouve pas dans la rue ?

Le mois d'août et la date de la signature du contrat arrivent enfin. Dario descend en moto. Moi avec la voiture chargée de quelques affaires m'appartenant. Nous avons rendez-vous chez le notaire à 15 heures. Aux portes de Valence, nous nous arrêtons pour mettre de l'essence. Dario se trompe et met du gasoil. Il ne redémarre pas. Grâce à l'intervention du responsable de la station et dans l'attente de l'assistance le lendemain, nous repartons tous deux en voiture. Nous discutons. Il a un souci. Je ne dois surtout pas parler qu'il s'est trompé. Il passerait pour un *"con"*. Nous arrivons juste à l'heure du rendez-vous. Les anciens propriétaires sont déjà là, de même que la directrice de l'agence. Le notaire commence la diction du contrat. Arrive la demande de l'usufruit… Et là, Dario dit *"Personne"*. Je suis en colère. Il le voit. Il me tend les clefs devant les personnes présentes, comme toujours pour faire bonne impression, mais les reprend vite…à la sortie. Ce sont SES clefs. Depuis l'entrée dans cette petite maison, je n'ai jamais autant entendu Dario dire *"C'est MA voiture, c'est MA maison, ce sont MES clefs... Rien n'est à toi..."* Je le sais, rien n'est à moi. Il a tout pris ce que j'avais. Il a tout vendu mes biens, ou donné ou jeté... Je suis à sa merci... Je suis punie... Il veut me faire quoi ? Je ne sais pas... Pourquoi est-ce que je suis interdite d'être ce que je suis ? Pourquoi doit-on le regarder lui ? Pourquoi doit-on n'écouter que lui ?

Il existe également un autre sujet pour la maison. Il faut l'assurer. Nous cherchons l'agence à qui j'ai toujours été assurée. Dario ne peut prendre une assurance en France car il est encore de nationalité Suisse. L'assurance en Suisse coûte un saladier. La solution existante est de mettre exceptionnellement l'assurance à mon nom. Il paye jusqu'à la date échéance mars 2014.

Durant ce mois d'août, balades moto, randonnée dans les parages, reconnaissance des lieux... Dario me rappelle sans cesse que je ne possède plus rien. Moi je peux aller faire de la moto et toi tu peux rester sur la terrasse à lire... L'attendre ? Mais que raconte-t'il ? Te souviens-tu que tu avais promis à la vendeuse de l'agence de l'inviter à manger une fondue ? Quand veux-tu le faire ?

"Je préfèrerais que nous invitions l'autre, tu sais la première qui cherchait des maisons sur le site ?"
"Mais elle n'a rien fait ! L'autre en conséquence, s'est beaucoup dévouée pour nous", et en me rattrapant, je dis, *"enfin pour toi."*

Pour ne pas faire d'histoire entre nous, nous ne les invitons pas, et c'est encore moi qui ai tort. C'est moi qui cherche la guerre. Il me culpabilise une nouvelle fois.

En septembre, comme nous avions demandé aux voisins de récupérer le courrier ils nous proposent de manger à leur table. Dario veut que je leur confie que j'ai acheté une maison en Ardèche. Ceci afin qu'ils ne cherchent pas à savoir comment il l'avait eue comme il paie tout comptant.

Octobre 2013.

Il passe son temps du matin au soir, avec son téléphone portable. *"Que fais-tu donc ?"* le questionnai-je. *"Comme j'ai arrêté mon entreprise, je vide tout ce qu'il y a dessus pour te le donner"*. Est-ce vrai ? Va-t-il vraiment changer ? Pourquoi ma naïveté prend-t'elle toujours le dessus ? J'arrive encore à le croire. Il ne le donnera jamais. Alors que faisait-il donc du matin au soir avec ce *"natel"* ?

Depuis que je suis avec Dario, le dîner ne se compose souvent que de yaourt ou de fromage blanc, à l'exception d'une invitation. Un soir de ce mois, Dario prépare un bol de fromage blanc avec des céréales que je mange avec plaisir. J'adore le fromage blanc. Nous nous installons devant la télévision. La télévision ! Le même rituel depuis le début de mon installation chez lui. *"Que veux-tu regarder ma chérie ?"* L'idée serait que je lui donne une idée, mais pour éviter les mesquineries de nos débuts je lui réponds *"Ce que tu veux"* . Et il trouve toujours quelque chose de désagréable à rajouter ou une comparaison avec une ex à sortir. Il choisit un film dont je ne me souviens même plus du titre. Soudain, je suis sujette à très violentes douleurs à l'estomac et au ventre. Je file aux toilettes. Je vomis, Je vais en diarrhées et les douleurs sont atroces. Je souffre terriblement. Je suis écroulée dans les toilettes, allongée par terre. J'appelle Dario. J'insiste pour qu'il me conduise à l'hôpital. Je n'arrive plus à me lever. Je n'en n'ai plus la force. J'ai beaucoup trop mal. Dario répond *"Mais... tu vois comme tu es, tu vas tout salir MA voiture"*. *"Je suis en train de crever"* lui dis-je ! *"Alors, appelle une ambulance"*. J'ai l'impression que mes intestins font des nœuds à l'intérieur de mon corps. *"Tu parles, les pompiers vont bien rigoler de toi quand ils verront que tu les déranges pour une gastro-entérite"*. Des gastros, j'en ai fait... Comme cela, jamais. Je suis restée un long moment allongée par terre. Dario a nettoyé un peu autour de moi, m'a tendu une bassine et s'est installé de nouveau devant SA télé.

Un trou noir ? Une perte de connaissance ? Me suis-je endormie un moment ? J'ouvre les yeux. J'ai toujours très mal. J'arrive à me lever en vacillant jusqu'au salon. Je m'étends sur le canapé. Il me regarde et tourne la tête vers l'écran sans dire un mot. Puis il va se coucher. Je préfère rester sur le canapé...

Le lendemain, dimanche, je décide de jeûner. J'ai toujours ces douleurs atroces, un peu moins fortes, certes, mais toujours présentes. Dario me demande simplement si cela va mieux. *"Non, lui dis-je, demain j'irai voir un médecin aux Vans"*.

Allongée toute la journée, je me demande bien ce qui m'arrive. C'est la première fois. Je n'ai jamais eu cela. Dario regarde sur le paquet de céréales et tente de trouver une explication... le bla-bla-bla habituel. Aujourd'hui, ce sera sur le thème des colorants.

Le lundi matin, je me lève et je décide d'aller voir un médecin aux Vans. Il fait la moue *"Qui va encore payer le médecin ?"* Je n'ai plus d'argent pour avancer. Il le sait. Quelque chose m'interpelle. Si je vais à l'hôpital, ils se font payer directement par la Sécurité Sociale. Je n'ai pas les clefs de la voiture. Il cache tout. Je ne peux donc pas me faire soigner. Nous ne quittons pas le hameau pendant quelques jours. Toutes les portes sont fermées à clef, la voiture également et les clefs confisquées. Voici ma vie. Parfois je me demande s'il n'a pas quelqu'un. Outre le fait qu'il est régulièrement sur ses mails, ses sms, je ne compte plus.

Novembre 2013.

Dans la voiture qui nous remonte en Suisse, nous reparlons de ce que j'ai vécu. J'ai découpé la composition des céréales sur le paquet. Dario ne comprend pas pourquoi. Il ne cesse de répéter que je ne vais pas en parler durant des mois. Pourtant j'ai envie de savoir ce qui m'est arrivé et je suis bien décidée à parler à mon médecin de mon problème. Je dois aller renouveler mon ordonnance aussi, j'évite d'en parler, jusqu'au jour J. Je n'en parle pas à Dario. Pour mes médicaments habituels, il accepte de me prêter la voiture pour aller à Pontarlier. Il signe l'autorisation de prendre la voiture. Mon médecin est une personne très à l'écoute de ses clients. Je lui explique ce que j'ai subi. Il pense alors qu'il est dommage que je n'aie pas pu consulter plus tôt un médecin qui aurait vu de suite ce dont il s'agissait. Mais là, un mois s'est écoulé. J'explique la souffrance endurée durant deux journées entières, après avoir mangé du fromage blanc avec des céréales avec lesquelles j'ai cru ma dernière heure arrivée. Je ne reste pas longtemps sur Pontarlier. Mes heures sont comptées. Je sors la liste de courses de ma poche et je dois rentrer au plus vite. Quand j'arrive, Dario est devant un café. Je rends mes comptes, médecin, pharmacie et courses. Puis je l'informe avoir parlé au médecin de mon intoxication si intoxication il y a eu. Si cela revient, je devrai aller consulter un entérologue. Dario ne comprend toujours pas pourquoi je persiste à en parler.

Dario décide d'écrire au siège des céréales indiqué sur le paquet. Je trouve un peu culotté sa façon d'agir. Mais pourquoi pas ?

*"Bonjour, Après avoir consommé à deux reprises un .....
de ces céréales, ma compagne a été prise de violentes douleurs abdominales qui ont été suivies de nausées et de diarrhées durant 24 heures. Pouvez-vous nous indiquer quel(s) composant(s) pourrai(en)t être susceptible d'être à l'origine du malaise. Le code de l'emballage est ...... Ceci avant de devoir entreprendre d'autres analyses. Merci d'avance pour votre aide. Meilleures salutations". Dario Barthoulot.*

Pour moi je reste persuadée qu'il ne s'agissait pas de simples nausées. Il minimise la chose, mais cela ne m'étonne pas du tout venant de lui.

Dario me renvoie par mail la réponse de l'entreprise qui ne me surprend pas du tout.

Nous avons bien reçu votre mail. Vous indiquez avoir été malade après consommation des céréales.

Le type d'intoxication décrit peut parfois être rencontré lors d'une contamination microbiologique du produit. Cependant, dans ce cas, un développement microbien dans le produit aurait altéré ses caractéristiques organoleptiques et aurait sans aucun doute été détecté lors de la consommation des céréales.

Il est important de noter que , de par leur faible humidité et le fait qu'elles sont considérées comme non périssables, les céréales petit-déjeuner ne sont pas jugées à risque au niveau microbiologique. Par contre, les céréales sont généralement consommées avec du lait et ce dernier est davantage susceptible d'être à l'origine de tels troubles.

Nous avons consulté les documents d'enregistrement de la production du 30/07/2013, les contrôles effectués lors de la production n'ont révélé aucune anomalie. Nous attendons de récupérer notre échantillon témoin correspondant à la production concernée pour effectuer une ananlyse microbiologique. Nous vous tiendrons informé des résultats dès leur réception.

Nous sommes vraiment désolés pour le désagrément subi et vous remercions de nous conserver votre confiance.

Cordialement

Service Qualité.

Ce à quoi Dario répond et insiste encore...

Bonjour,

Je vous remercie de votre réponse.

Pour le lait, le problème peut être écarté. J'ai une légère intolérance au lactose, donc nous les consommons avec du lait ou des yaourts sans lactose ou au soja.

Je pensais à un composant comme de l'E471.

Autre précision, ma compagne a été très, très dérangée (estomac et intestin), les deux fois où elle a consommé les céréales.

Le médecin consulté essaie de comprendre, en expliquant que les céréales en général augmentent le travail du transit intestinal, il suggère, si ma compagne en a le courage, de tenter une troisième dégustation... Mais le souvenir des douleurs et autres désagréments fait qu'elle ne veut pas reprendre le risque.

Quant à moi, je n'ai pas rencontré de problèmes particuliers. Alors que c'est moi qui ai un système digestif plus délicat, je terminerai le paquet.

Toutefois nous aimerions bien trouver une explication pour éviter le même souci avec une substance entrant dans la composition de vos céréales.

Merci de votre aide.

Cordialement. Dario

Puis nouveau message le 18 novembre. Retour des analyses microbiologiques dont voici le résultat et le mail

"Bonjour,
Nous sommes désolés mais nous ne pouvons vous aider à répondre à vos questions. Nous vous confirmons qu'aucun des composants de ces céréales ne peut être à l'origine de tels troubles."

Si j'ai choisi d'écrire tout le message. C'est aussi pour vous faire comprendre le cursus du manipulateur, jusqu'où il peut aller pour se disculper ou détourner quelque chose. Ici, il aura été jusqu'à faire faire des analyses à la fabrication des céréales

Tout d'abord, j'ai un sentiment de terminer mes jours suite à des céréales.

Dario refuse de me conduire à l'hôpital ou appeler une ambulance.

Il ne veut pas que j'en parle à mon médecin.

Quand il sait que j'en ai parlé, il détourne en parlant de l'E471 puis écrit au siège des céréales.

Je subis la même chose quelques mois plus tard en reprenant du fromage blanc. Les deux fois, c'est Dario qui prépare mon bol.

J'ai décidé de ne plus manger de céréales.

Nous restons à Giez pour la saison hivernale L'idée de l'achat de la maison ardéchoise est de vivre six mois en Suisse et six mois en France, surtout à cause du peu de chauffage à Madrace. Quelques bonnes journées, mais quelques journées moroses. Comme tous les Noël depuis que je suis avec Dario, je sais que je n'aurai pas de cadeau, je sais que je suis interdite de faire des toasts, des verrines, un repas un peu différent des autres jours, alors je ne fais rien. J'ai eu les pires Noëls de ma vie avec Dario. Lorsque mes enfants étaient petits, quel bonheur de préparer avec eux ce repas de Noël... Je me souviens... Je revis ces instants ancrés dans mon cœur... Des souvenirs reviennent alors... L'odeur de la farce à escargot... l'odeur du chocolat qui fond au bain-marie pour les truffes... Les enfants, les mains et la bouche pleines de chocolat pour rouler les truffes et les goûter... Le saumon, les toasts... C'est bien loin tout ça... Le bonheur de Noël ! Le goût de la fête ! Dario ne vit que pour son fric. Il ne vit que pour se montrer et ne connaît rien de tous ces petits moments de bonheur... Mes enfants auront été le plus beau cadeau que la vie ait pu m'offrir.

J'ai récupéré un peu d'argent sur le magazine que je viens de terminer. Demain ma fille vient chercher les cadeaux que le Père Noël a bien voulu laisser en Suisse pour la famille. Nouveau reproche ! Celui de ne pas recevoir sa fille. Sa fille, qu'y puis-je ? C'est elle qui ne veut pas venir. Elle ne veut pas me voir, et je ne saurai jamais pourquoi. Lui dit qu'elle ne veut pas voir son papa malheureux. De quoi est-il malheureux ? De ce qu'il se plaint ? Du retournement de culpabilité qu'il s'inflige ? Elle ne vient jamais. Elle n'a donc écho que de ce qu'il raconte, ses mensonges, se faire plaindre. Je sais bien que c'est son papa, mais pourquoi dit-il qu'il est malheureux. Parce qu'il est grand temps pour moi de partir ? Il ne supporte plus trop de rester longtemps avec la même femme ? Il se sert d'elle pour avoir un témoin. Comme je l'ai découvert sur une lettre envoyée à l'avocat contre sa femme.

Il faut un repas léger, sinon il va encore se plaindre. Juste quelques petits toasts et un peu de champagne, pour fêter quoi ? Une belle vie qui va s'annoncer en Ardèche ? La chance d'être toujours vivante ? Nous fêtons juste Noël. Il me tend un petit paquet. Je n'y crois pas. Je l'ouvre. Un portable. Je le remercie. Je n'en n'ai pas parlé. Depuis quelque temps, je n'avais plus de portable. Un jour, il m'a échappé des mains. Il est tombé. Il s'est cassé. Financièrement je ne pouvais le remplacer. Alors je suis contente. Je le suis un peu moins quand je l'ouvre. Il s'agit d'un portable pour pré-ado de 13 ans, et bloqué. Il se dépêche de le prendre pour le mettre en service. Comme d'habitude il dirige tout pour moi. Je suis vexée. Je n'en veux pas de son cadeau. C'est humiliant. Je préfère ne rien avoir. Il racontera autour de moi que j'ai refusé son cadeau sans toutefois expliquer la valeur *"sentimentale"* de ce cadeau.

Décembre 2013.
     Une amie, un jour à qui je raconte ma détresse, m'incite à regarder le terme de *"pervers narcissique"* sur internet. J'ai lu cet article et je comprends que l'homme à côté duquel je passe tout mon temps, a cette pathologie.

     Je commence à regarder sur le net la définition de Pervers Narcissique .....

     Les moments du début de notre relation. L'évolution. A quel moment aurais-je dû voir quelque chose ? Qu'ai-je loupé ? Pourquoi et quand aurais-je du réagir ? Je cherche. Je ne sais plus. Une ligne que je lis m'interpelle. Les pervers narcissiques agissent à huis clos, jamais devant des témoins. De cette façon, avec leur petit air de *"rien"* il sarrivent à se mettre tout le monde dans la poche.

C'est cela, c'est bien ça. Je ne vois plus mon thérapeute depuis quelque temps. Toujours la même rengaine, la voiture, le mot d'autorisation, l'essence, et surtout il est nul... Eh oui, d'après Dario mon thérapeute est nul.

Comment vivait-il avec les autres femmes ? Je lui pose la question. Bien sûr sa réponse est telle qu'elles n'ont jamais souffert, ils se sont séparés à l'amiable. Il pourrait même toutes les faire venir ici, elles diraient toutes qu'elles veulent revenir. Au moins une, Béatrice, elle, dirait comme lui, pour tenter de revenir, il lui promettrait n'importe quoi pourvu qu'elle dise la même chose.

Je lis tout ce que je peux trouver sur cette pathologie.

S'il faut des preuves, je vais en trouver. C'est aussi à ce moment que Dario me demande de ranger ses disquettes. Puisqu'il clôt son entreprise, il faut faire du rangement. En même temps, je cherche un peu partout des preuves. Un CD qui indique toutes les lettres à l'avocat... attire mon attention.... et cela me donne encore des frissons...

"A la mi-décembre, mon épouse a menacé de me nuire, de me détruire, en racontant "des histoires" auprès de mes employeurs et de mes clients si je persistais dans l'idée de divorcer et de vouloir garder la maison."
Ou encore

"Ma femme a le borderline, elle doit consulter..."

ou encore

"Ma femme veut me faire payer.... je l'aime toujours"
alors qu'il est avec une autre femme...

"Le psy a dit qu'elle était perverse, je dois la quitter"

"Le médecin dit que c'est à cause d'elle, que j'ai des palpitations au cœur..."

"...Elle pourrait venir habiter ici dans la maison avec son amant, pour autant qu'il paie la moitié du crédit et entretienne l'intérieur et l'extérieur..."

...autant de mensonges sur une lettre destinée à un avocat pour sa défense...

Janvier 2014.

Mon fils vient de Paris. Je suis contente. Cela fait longtemps que je ne l'ai pas vu. Ce qui ne nous empêche pas d'avoir une bonne complicité. Il veut venir dans l'idée de faire un peu de ski. Nous allons le chercher le 1er janvier à la gare de Frasne dans le Doubs.

En même temps, je garde mon petit-fils Dylan que je dois reconduire deux jours plus tard en Alsace. Même si mon fils ne s'entend plus avec sa sœur, il apporte un petit cadeau à ses neveux et nièce ? Cherche-t-il à renouer avec eux ? Titi est ravi d'entendre tonton Florian chanter à la guitare. C'est encore mieux qu'une histoire avant de dormir le soir. Florian me montre sur ordinateur ce qu'il fait. Je lui demande quelques conseils personnels pour moi. Nous évoquons aussi des souvenirs familiaux. Nous rions. Dario se sent seul. Il s'éloigne. Il tente de couper court chaque fois que, avec mon fils, nous entamons quelque chose de nouveau...

C'est alors que Florian se décide pour le ski et demande des renseignements sur la station à choisir. Dario , certainement par jalousie de nous voir ensemble en si bonne entente, mais aussi parce qu'il a quelque chose derrière la tête, propose de l'accompagner. Je ne peux y aller puisque je ne sais pas skier. Il ne m'a jamais appris. Aujourd'hui, cela l'arrange bien. Je ne serai pas là. Je les accompagne néanmoins à la station. Je connais Dario et je sais que c'est encore un moyen de se trouver seul avec mon fils pour me critiquer.

Le soir Florian, a-t-il bien écouté la leçon de Dario ? Il se met à crier après moi, en disant des choses absurdes. Dario intervient et me bouscule. Je me retrouve par terre. Les trop mauvais souvenirs de mes violences conjugales me reviennent et j'ai peur. Je crie. Dario prend un malin plaisir à enregistrer mes cris sur son téléphone. Il veut que mon fils prévienne la police pour m'interner. Je fais semblant de partir. Je suis cachée derrière la porte de la chambre. Dario entre dans le bureau où mon fils tapote sur l'ordinateur. *Tu vois ta mère est folle, il faut l'interner, toi seul peut le faire. Il faut même qu'il la bâillonne et l'attache.* Dario descend vérifier que je ne sois pas partie. J'ai oublié mon sac dans le hall, alors il remonte, il regarde partout. Il dit à Florian *Je ne sais pas si elle est partie, il y a son sac*. Il se sert de Florian pour me faire interner. Ce n'est pas possible. Cette fois, ça va trop loin. Où est-ce que j'en suis moi ?

Il appuie sur l'interrupteur de la chambre. Il regarde partout, mais pas derrière la porte. Ouf, j'ai eu chaud. Puis je sors de ma cachette en feignant de revenir. Dario est surpris et nie ces paroles. Je lui avoue que j'étais derrière la porte, je l'ai vu entrer... et que j'ai entendu leur conservation. Dario ne sait que faire.

Alors il me bouscule de nouveau. Trop tard, je n'ai pas compris de suite. Lui savait que je crierais. Nouvel enregistrement sur son portable. Il insiste encore auprès de Florian pour qu'il appelle la police, Par trois fois, cinq fois, sept fois, il lui dira. Je sors. Dario m'attrape par le bras. Il met l'alarme de la maison pour ne pas que je parte. Je fuis à nouveau. L'alarme sonne. Dario l'arrête. J'appelle Cédric, mon autre fils qui habite à une heure. Je suis dans la neige en pantoufle, sans manteau. J'ai froid. Il fait nuit. J'ai compris son manège. N'ayant pas réussi à m'interner lui-même, il suffirait que cela vienne de ma famille. Florian n'appellera pas la police. Cédric vient me chercher. Je vais dormir chez lui. Le lendemain Dario m'envoie un mail. Il a invité sa fille et son fils à venir manger. Je dois les respecter. Son fils qu'il n'a pas vu depuis dix ans, parce que son père lui avait fait aussi des misères, accepte de revenir. Je ne veux pas y aller. Je sais ce qu'il veut faire avec son fils. Il veut le manipuler et je ne veux pas y participer. J'ai entendu une conversation au téléphone et ça me fait mal. Il veut lui proposer de reprendre le crédit de la maison là où cela s'est arrêté. Comme cela la maison est à lui. Le fisc ne pourra lui prendre. Mais il n'expliquera pas tout à son fils. Manipuler son propre fils ! Puisque sa fille ne veut pas me voir, pourquoi insiste-t-il de ma présence. Dario se sent fort. Florian est chez lui. Moi je suis chez Cédric. Il aura ses enfants. Je ferai le service et je serai encore humiliée. Je renonce à l'invitation. Florian restera encore deux jours. Nous l'avons conduit à la gare. Son au-revoir était *"je ne veux plus te voir"*. Dario a encore réussi à détourner de moi mon fils. Il est fier de lui...

Le mois de février se passe avec de continuelles disputes. Il me reproche de ne pas faire de ski. Je ne l'empêche pas. Je voudrais l'accompagner pour apprendre. Il veut sortir seul. Pourquoi ? Et moi que fais-je pendant ce temps ? Tu n'as qu'à lire et m'attendre gentiment et nous serons heureux de nous retrouver ! Je n'y crois pas ! Depuis le temps qu'il pense ne pas pouvoir vivre pour deux avec sa retraite ! Pourquoi a-t-il vendu mes meubles alors ! Pourquoi ne me le dit-il pas vraiment ? Il veut bien que je reste mais... je n'ai pas d'argent, je dois l'attendre. Lui a travaillé toute sa vie.

Avril 2014.

Le mail que je reçois sur mon ordinateur me comble de joie. Une convocation pour un jeu. Nous le regardons tous les soirs et nous sommes bons. Alors après en avoir discuté ensemble, je *"nous"* ai inscrite. Et là, bingo ! Réponse affirmative ! J'en parle à Dario¨. Mais il n'est pas ravi lui. Pourquoi ? Il avait bien accepté l'inscription pour me faire plaisir dit-il, mais il était certain que nous ne serions jamais convoqués. Je comprends bien qu'il n'accepterait jamais de perdre. Son ego en prendrait un coup. Je lui propose d'aller avec quelqu'un d'autre. Sa réponse est toujours la même *"Qui va payer ?"*. Il n'a jamais le sentiment de dire NON. Alors, comme toutes les fois, il prend son téléphone et tapote je ne sais quoi. Je n'irai donc pas. Nous allons uniquement où il décide. Je dois toujours attendre qu'il me dise où nous allons. Tout lui appartient donc lui seul décide. Je fais la tête et ne lui adresse pas la parole. Il propose d'aller en courses. J'y vais à contrecœur. Je sais comment cela se termine. A chaque fois le même rituel *"Qu'est-ce qui te ferais plaisir ma chérie ?"* Si j'ose donner une idée, c'est un drame ! Le pourquoi du comment on ne peut faire ça. Toute une explication qu'il tente de rendre scientifique alors que c'est plus simple de dire *"Je prends ce qui me fait plaisir"*. Et nous repartons avec l'unique morceau de fromage qu'il aime et les yaourts au soja ou encore sans lactose qui lui conviennent très bien pour le repas du soir. Et mon avis ? Pourquoi avoir posé une question ? Je sais pertinemment que ma réponse ne sera jamais honorée.

Pourquoi toujours chercher à me faire du mal ? Je suis toujours autant en colère. Ce sentiment arrivera-t'il à me quitter un jour ? . Il ne comprend pas pourquoi je peux l'être. Alors il me compare à ses ex. Elles ne faisaient jamais ça, elles. Agissait-il avec elles comme il le fait avec moi ? Les humiliait-il constamment ? Il ne cesse de me rappeler qu'elles acceptaient toujours ses choix. Moi aussi, je le fais, par obligation. Si ses ex étaient parfaites, pourquoi les a-t'il quittées ?

Le ton monte. Il choisit SON film puisque c'est SA télé. Je lui fais encore remarquer cela. Il me rappelle Béatrice. Il sait que ça me fait mal, alors il en rajoute encore et encore. Le ton monte encore plus fort. Il me gifle. Mon réflexe ? Je me retourne. Cela me rappelle les mauvais souvenirs de ma première vie maritale et je l'empoigne par les cheveux espérant qu'il ne me gifle pas encore une fois. Il voit qu'il est allé un peu trop loin et il commence à prendre peur. Il téléphone à la police des Vans. Ceux-ci ne se déplacent pas mais... ils parlent ensemble. Pour que je n'écoute pas, il va terminer sa conversation dehors. Quand il rentre c'est pour me dire *"Ce sont des cons, ils ne se déplacent pas, ils auraient quand même pu venir, mais ils ont dit que je pourrais appeler une ambulance pour qu'ils t'hospitalisent si ça ne va pas"*. Je n'en crois pas mes oreilles et je commence vraiment à avoir peur cette fois. Si je ne le quitte pas, il arrivera à m'interner pour de bon. Après tout le courrier que j'ai pu voir concernant son divorce, je suis terrifiée.

Le lendemain, il décide d'aller chez le médecin. J'en profite pour lui dire que je vais à la poste juste à côté. Il y a du monde chez le généraliste. Tant mieux, cela m'arrange, j'ai le temps d'aller jusqu'à la gendarmerie afin de donner ma version. J'ai reconnu lui avoir tiré les cheveux suite à une gifle de sa part. Il n'avait donc pas tout dit. La gifle ayant cassé un morceau de mon appareil et une couronne dentaire,. Dario a promis qu'il paierait la réparation, mais les promesses de Dario... Je souhaite déposer une main courante, comme cela j'aurai une preuve. Les gendarmes m'informent que ça n'existe plus mais qu'ils en prennent bonne note sur l'ordinateur pour laisser une trace. Qu'est-il allé faire chez le médecin ? Je lui avoue alors que je sors de la gendarmerie pour donner ma version. *"As-tu dit que tu m'avais tiré les cheveux"*, demande t-il *?*. Oui je l'ai dit je n'ai rien à cacher mais j'ai expliqué le pourquoi. Plus tard, il m'apprendra être allé à la gendarmerie pour vérifier mes dires.

Je me retrouve dans la même histoire que sa femme. Comment ai-je pu être aussi naïve ? Comment ai-je pu croire en tant de choses ?

Sur le chemin du retour, il continue à me renseigner sur sa visite chez le médecin. Il m'avoue que le médecin lui a conseillé de me quitter. Les palpitations qu'il a sont dues aux misères que je lui fais. Comment un médecin peut-il parler ainsi sans me connaître et sans avoir eu ma version ?

L'après-midi, il part seul à la mairie de Malarce. Quand il revient, je le questionne pour savoir ce qu'il est allé faire. Il me dira qu'il a décidé de mettre sa maison de Malarce en secondaire et il restera en Suisse en résidence principale. Pourquoi soudainement, change-t-il d'avis ? Lui qui souhaitait vivre en France ! Je suis surprise. Depuis quelque temps je n'ai plus très confiance alors je suis toujours très méfiante. J'attends le moment où il va dans sa cave faire du rangement. J'ouvre la pochette. Que vois-je ? Il y a bien un papier de la mairie... mais... Surprise ! Encore un mensonge ! Signé du 10 avril. Il signifie qu'à partir du 1er mai 2014, Monsieur Barthoulot habitera définitivement à Malarce. Ce qui veut dire qu'il a l'intention de me mettre à la porte. Cela fait sept ans que j'attends cela. Il m'a amusée sept années durant lesquelles j'ai cru en ses bonnes promesses. J'arrive à échéance des années qu'il octroie à une femme. Il lui faut du changement. Comment va-t-il s'y prendre ? Je dois rester sur mes gardes.

Nous parlons. J'insiste sur le fait qu'il sera à partir du 10 avril à Malarce. Pourquoi a-t-il menti ? Il avouera que c'est une date anniversaire pour lui. Qu'est-ce que cela veut dire ? Qu'importe ! Je ne l'écoute déjà plus.

Dario passe des heures entières à tapoter sur son portable. Moi, par contre, si j'ai le malheur de saisir un SMS à un mes enfants, je dois lui dire à qui j'écris.

Soudain, je reçois un sms de mon fils. Il me demande où je suis ? Suis-je bien en Ardèche ? Pourquoi veut-il le numéro de téléphone fixe pour m'appeler ? Il a quelque chose important à me dire. Pourquoi n'appelle-t-il pas directement sur mon portable comme il le fait toujours ? Et Pourquoi insiste-t-il pour savoir si tout se passe bien avec Dario et si je vais bien ? Il a reçu un mail de sa sœur. Pourquoi mes enfants s'inquiètent-ils pour moi ? Que se passe-t-il ? Je ne dis pas tout à mes enfants. Je ne suis pas comme Dario. Je ne veux pas me servir d'eux comme il le fait avec sa fille. Ils ont leur vie et je les respecte.

Dario a envoyé un sms à ma fille et la réponse que celle-ci retourne ne lui fait pas plaisir. Il ne joue pas en sa faveur. Il me dira même qu'il ne l'a pas reçu. Je comprends que mon fils alors, ait voulu appeler sur le fixe pour être certain du lieu où j'étais.

"Chers enfants de Katy. Je suis désolée des complications que cela peut vous procurez... Votre mère m'agresse physiquement en espérant que je me défende pour pouvoir déposer plainte et demander des dédommagements financiers, en me donnant l'exemple de votre père. Je passe sur les autres chantages pour fraude fiscale, ceci par jalousie maladive qu'elle ramène au présent. Je vais être dans l'obligation de la mettre à la porte. A moins qu'elle reconnaisse sont problème psychique en suivant une thérapie sérieuse. Dario".

Décidément toutes les femmes qu'il côtoie ont un véritable problème psychique !

Réponse de ma fille.

"Bonjour Dario, ce serait mieux que de jouer avec ses sentiments. Je tiens tout de même à préciser qu'un couple se sépare mais en aucun cas un conjoint met à la porte, on met à la porte un employé mais pas son conjoint., l'utilisation traduit bien la relation boniche/patron qui est entretenue dans votre couple. Mais ma mère vaut mieux que ça. Elle a beaucoup souffert , plus que vous ne pouvez le croire et elle espérait sûrement quelqu'un de plus doux et moins tranché. Vous avez bien le droit de ne pas vouloir être une épaule solide pour l'aider à se reconstruire de ce que j'ai pu voir, vous avez fait l'inverse. Nous avons été quelquefois choqué d'entendre la façon dont vous la rabaissiez devant nous... Je peux également vous dire qu'il est tout à fait humain d'être jalouse quand son conjoint continue à voir son ex et tente de le cacher ce qui rend les choses encore plus suspectes ! Nous avons souvent pensé qu'elle était juste dans une prison dorée.

Il semble en effet qu'elle arrivera mieux à se construire ailleurs, là où on lui laissera une place et on lui montrera du respect. Je ne pense pas qu'elle se soit sentie intégrée chez vous et a été malmenée par vous et vos proches... Je pense que ma maman mérite quelqu'un de plus doux, compréhensif et qui lui laisse une vraie place dans sa vie".

Dario pensait que Maeva se mettrait de son côté. Il est vrai qu'il lui parlait beaucoup à ma fille. Elle est docteur... et il était persuadé qu'elle pouvait comprendre ma pathologie, celle qu'il infligeait aux femmes qui vivaient avec lui : le borderline. Il faut soigner. Mon Dieu ! Il ferait n'importe quoi pour se protéger !

Après s'être servi de plusieurs personnes il va jusqu'à prévenir mes enfants. Je pense également à ces paroles dites par mon amie Janik. *"Tout ce que je dis est imaginaire..."* Ce que je dis ? Ce que j'entends ? Ce que je vois ? Je n'ai pas besoin d'imagination pour cela. Tout est bien réel. Lors de ma tentative d'internement, le psychiatre a bien expliqué que l'on n'interne pas les gens comme ça. Il faut être volontaire ou encore la famille si elle le juge nécessaire.

Comment peut-il penser que mes enfants pourraient me faire interner uniquement pour lui faire plaisir ?

Je n'arrive pas à pardonner cela. Dario ne s'en plaint pas. Je comprends au fonds de moi, qu'il m'a amusée. Je me demande même à ce moment-là s'il n'a pas quelqu'un d'autre. Et si la maison en Ardèche il ne l'a pas prise pour y mettre une autre ? Pourquoi est-ce la seule chose en 7 ans de vie commune qu'il ait accepté de me laisser choisir ? Et si c'était juste pour avoir une intuition féminine ? Une maison qui soit certaine de plaire à une autre ? Que de questions ? Mais une bonne intuition dont je ne comprendrai encore une fois la manipulation que plus tard encore.

Puisque nous faisons régulièrement la route entre l'Ardèche et la Suisse, je ne peux transporter chaque fois mon IMac. Il est nécessaire d'en trouver un qui reste en Ardèche. Nous regardons sur le net. Une annonce attire notre attention. Un jeune homme en vend un aux Vans. Nous lui demandons de le garder. Il préfère, par sécurité, avoir de l'argent liquide. Je ne peux pas tout payer. Dario retire une partie, et moi l'autre. Nous payons l'ordinateur à deux. Il demande au jeune homme un reçu. Comme de coutume, il fait faire le reçu à son nom. Pourquoi lui ? *"Quand tu m'auras rendu les cinq-cents euros que j'ai mis il sera à toi !"*. Quelques jours plus tard, je lui rends les cinq-cents euros. J'exige un reçu sur la totalité de l'achat. Il finira par le faire... J'ai gagné au moins une fois !

En même temps, il me signe un papier, sur lequel il indique qu'il ne veut plus mes enfants, ni même mes petits-enfants chez lui. J'irai les voir désormais ailleurs. Il a touché là au plus profond de mon cœur. Ce qu'il ne fallait pas toucher. Je n'ai plus le choix. Cela je ne l'accepterai jamais et il le sait !

Le chantage que je lui fais sur sa fraude fiscale ne l'arrange pas et il a peur. Il avait toujours promis de ne pas m'abandonner, la même promesse qu'il avait faite aux autres. Et j'ai peur. J'ai déjà connu la rue au début de mes 18 ans et j'ai peur de m'y retrouver. Dario est une personne sans cœur et sans remords. Il est égoïste, il ne pense qu'à lui. Plus je reste avec lui et plus je le vois sous un autre angle, une face cachée, une double personnalité. Vouloir m'isoler de mes enfants comme il l'a fait avec ses enfants, avec mes amis. Que veut-il encore ? Pourquoi moi ? Pourquoi autant de promesses ? Profiter de moi jusqu'au bout pour pouvoir s'installer en France. Et moi qui suis-je ? Où plutôt que suis-je pour lui ? Un objet ? Oui c'est cela. Un objet que l'on jette quand on n'en n'a plus besoin. Je commence à prévenir quelques amies de mon envie de le quitter. Certaines me diront *"Ne t'inquiète pas, nous vous aimons tous les deux et nous ne prendrons aucun parti pour l'un et l'autre. Tu as une voiture. Nous pourrons faire moitié-moitié de chemin pour nous retrouver"*. *Une autre me dira "Ne t'inquiète pas ma Kat, tu viendras à la maison"*.. *"Nous ne t'oublierons pas ma Kat"*...

Je suis consciente que je ne serai pas seule. Cela me rassure. L'amitié a une grande importance pour moi. Alors que dois-je faire ? Quelle décision adopter ?

Nous devons revenir en Suisse. Le principal souci actuel est l'immatriculation de ses voitures et de sa moto qui doivent être changées. Il faut faire trois fois le trajet. Les véhicules doivent passer la douane avant d'être immatriculée et donc on ne peut faire tout en même temps.

Nous repartons donc pour la Suisse. Je ne digère toujours pas tout ce qui s'est passé à Malarce. La police, les sms à mes enfants. Je suis mal. Je veux voir mon médecin. Et qui va payer ? me dira-t-il encore. Je n'irai donc pas chez le médecin.

Fin avril. Dario passe son temps à finaliser les papiers pour les changements d'immatriculation de ses voitures.

Je pars quelques jours chez mon fils dans le Haut-Jura avant de retourner en Ardèche.

Un mois de mai terrible, séquestrée dans cette petite maison de Malarce. Nous ne sortons plus du tout. La maison perchée dans les monts à douze kilomètres du premier village commercial, est jolie mais bien trop loin pour pouvoir fuir. La porte de l'entrée est désormais fermée à clef, la porte du garage attenante à l'habitation également. Les clefs ne sont plus accrochées sur le tableau. Le téléphone est retiré de son socle. Je suis désormais enfermée...

Un jour, deux jours... Je dois l'accompagner en courses... je ne dis rien. Je suis malheureuse... Il passe sa journée à lire sur la terrasse ou sur son ordinateur. Je fabrique des bijoux. Martin Bessin envoie son invitation de juillet. Il veut y aller mais... seul. Pourquoi seul ? Et moi... Tu es là tu es bien... Tu n'as plus rien... Je le sais que je n'ai plus rien. Je tente encore de m'occuper l'esprit en cuisinant des confitures de fraises ou une tarte à l'abricot. Le moindre ingrédient que je prends, la moindre casserole que je prends, le moindre geste, désormais tout est critique... Ce n'est plus quelquefois... c'est chaque mot, chaque geste... Je veux partir. Lui aussi, passe au chantage. Je te trouve une voiture pour que tu partes et je te rachète tes meubles. Pour les meubles il m'avait déjà fait un papier signé. Pour la voiture. Il me l'offre. Si je le dénonce pour sa fraude fiscale, il me l'a fait payer. Finalement, il sera réticent et n'achètera pas la voiture. Il me propose la Tiguan qu'il avait quelques années avant. Elle était régulièrement confisquée. Il me propose de la prendre pour payer tous les travaux du chalet à condition que je n'ennuie pas Pierrick avec des échanges de facture sans TVA pour ne pas laisser de trace, dont je suis en possession.

Je n'en peux plus. Je suis à bout. Je pleure sans cesse. Dario prend-il plaisir à voir ma peine si intense. Il m'annonce que son ami Laurent descend au Cap d'Agde. Il va passer par là pour me *"casser la gueule"* et me foutre dehors.

Je prends peur. Je fais allusion à ce mois d'octobre où je pensais à une intoxication. Et s'il m'avait empoisonné ? Pourquoi est-ce que cela me vient à l'esprit seulement maintenant ? J'ai peur. J'ai envie de fuir. Je ne peux pas. Il est trop tard pour moi ! Je cherche les pages jaunes sur l'ordinateur. Je cherche le numéro de la gendarmerie. Il est là. Il éteint tout. Je n'ai pas eu le temps de noter le numéro. Que vais-je faire ? Je réfléchis. Il lit sur la terrasse. Je file dans ma chambre. Je veux voir si mon portable est encore au fond de mon sac. Ou peut-être l'a-t-il déjà pris ? Je mets la main dans le sac, à tâtons, parce qu'en même temps je surveille la porte d'entrée. Je le sens. Je l'ai. Je vais aux toilettes. Il ne peut pas m'empêcher d'aller aux toilettes. J'envoie un sms à mon fils. *"Je suis séquestrée et un copain à Dario veut me casser la gueule".* Il me retourne un sms. *"Courage maman j'ai prévenu la gendarmerie, ils vont arriver".*

Dario est encore sur la terrasse quand il voit la voiture bleue arriver. Pour une fois, c'est lui qui est en colère. Cela déjoue ses plans. Il ne pourra me faire interner. Avant d'aller les accueillir, il me recommande de rester dans le salon. Je ne sais ce qu'il peut dire. Les gendarmes me demandent de descendre et m'accusent directement de les avoir dérangés pour rien. *"Des violences conjugales"*, disent-ils, *"vous rendez-vous compte, Madame, que pendant ce temps, il y a des cambriolages".* Je n'ai pas pu m'expliquer. Je n'ai pas été écoutée. Ils téléphonent à mon fils pour dire que je vais bien. Les gendarmes demandent si nous sommes mariés. C'est Dario qui répond *"non"*. - *"Alors Madame, vous prenez votre voiture et vous quittez les lieux".* - *"Je n'ai pas de voiture, M. Barthoulot porte plainte contre moi si je prends la voiture".* *"Alors vous prenez votre sac à dos et vous allez aux Mons. Vous prenez un bus jusqu'à Aubenas et ensuite le train. Vous*

vous rendez compte que vous nous dérangez pour rien."
J'aurais aimé aussi qu'il puisse constater mon lit de fortune au milieu du salon. Dario ne l'avait pas enlevé. Il suffisait qu'ils montent. Mais non ! Dario se sent fort. Il n'a pas réussi à me faire interner, mais son sourire ironique fait fort de penser qu'il a gagné. Il promet de me raccompagner chez mon fils le lundi. Je ne suis pas prêt d'oublier cette journée.

A peine la police est-elle partie que Dario me bouscule. Cette fois, c'est vraiment lui qui est en colère. Il me gifle, puis me frappe. Il tient dans la main quelque chose. Je ne sais pas ce que c'est, mais ça me fait mal... Quand il arrête, je remarque que j'ai des coupures sur le ventre, les cuisses, un hématome dans le bas du ventre. Je dois en avoir aussi dans le dos. J'ai mal. Je montre à Dario. Je veux aller à l'hôpital. Il refuse. Je passe le dimanche à désinfecter mes plaies et charger la voiture. Au début Dario m'empêche de le faire. Il veut garder mes affaires. Je n'en n'ai pas besoin dit-il... Quand il voit que je prends mon téléphone, il se ravise et me laisse charger. Je fais tomber le papier sur lequel était apposée sa signature de l'achat de l'IMac. Il le déchire et le met au feu. Je charge mes affaires. Il reste une place pour l'ordinateur. Dario est fier de me rappeler que je n'ai plus de preuves. Il lui appartient donc. Il me frappe encore. Je n'en peux plus. Demain nous partirons tôt et j'essaierai de le charger avant. Mais... je ne me souvenais plus que je n'avais pas de clefs... Et le lundi plus question de le prendre cet ordinateur... Il est arrivé enfin à ses fins... Il m'a détruite psychologiquement et financièrement.

Il est au téléphone. Je suis derrière la porte. Je veux savoir à qui il téléphone. Ce qu'il dit. Il est conscient de ce qu'il vient de faire et je l'entends dire *"Je comprends que son mari la frappait, elle le mettait certainement à bout"*. J'ai pensé qu'il se manifestait encore auprès de sa fille. Il fallait bien trouver quelqu'un qui le soutienne.

Lundi 2 juin. Nous rentrons donc. Cette fois c'est la fin de mon calvaire... Mais... à quel prix ? Dans la voiture, Dario interrompt le silence *"Ma chérie, j'ai décidé de tout poser tes affaires à la douane, ce n'est que ce tu mérites !"*. A-t-il peur de se trouver en face de mon fils ? *"Tu as raison mon chéri "*, lui dis-je, *"comme cela je pourrai parler de ta fraude immédiatement et ce sera fait plus vite"*. Cela fait des jours que je pleure. J'ai les yeux boursouflés et le visage rouge. Oui, on pourrait penser que je suis malade...

A ma réponse, il se ravise, direction Les Rousses... Mon fils n'a qu'un T2. Nous mettons tous mes cartons dans le salon. Nous louerons un box par la suite. Pour la première fois, Dario ne lui dit rien.

Ce soir je dors chez Cédric. Dario ne le sait pas. Demain, j'rai à l'hôpital de Morez faire constater mes blessures de l'avant-veille. J'aurai un certificat médical.

Je ne souhaite pas revoir les gendarmes. Ils me font peur. J'ai encore le sentiment de me sentir coupable, ne pas être écoutée. Je vais attendre d'avoir terminé mon déménagement et j'écrirai au Procureur de la République en Ardèche.

Il me reste encore à enlever beaucoup de choses chez lui. Cédric me prête sa voiture. Je ne sais toujours pas ce qui va m'arriver mais je dois me rendre à l'évidence. Je n'éprouve plus rien... pour lui.

Je vais au grenier. Je prépare des cartons. Dario ne m'aide pas, mais... il surveille. Que je laisse du matériel chez lui, cela ne le gêne pas, mais... l'inverse ce serait dramatique. Je passe encore une dizaine de jours à préparer mes cartons, cette fois de Giez aux Rousses, seule comme d'habitude. Il n'a pas peur de mes menaces, dit-il. Nos amis seront de son côté et pas du mien. Pour la première fois, je crois très fort à ce qu'il dit. Ma destruction est très bien avancée. Il m'a isolée de tout le monde.

Il m'envoie des mails. Il m'écrit encore pour me culpabiliser. Il ne pourra plus se mettre avec aucune femme. Je l'ai *"castré"* des femmes dit-il.

Je vais voir ses voisins. Je pleure. Je leur raconte mon histoire. Ils m'invitent à leur table. Heureusement que j'ai ma maison en Ardèche, me disent-ils. Ah oui, au fait la maison en Ardèche... Je leur avoue que Dario m'a obligée à mentir sous prétexte qu'ils iraient raconter à tout le voisinage et qu'ils ne devaient pas savoir avec quoi il avait pu l'acheter.

L'un me dit qu'il avait entendu Dario crier un jour à sa femme qu'elle *"n'avait qu'à crever"*, un autre me dira qu'il a bien profité de moi, parce que l'on me voyait toujours tondre, couper le bois et ne jamais me plaindre...

Je parle de mon ordinateur resté en Ardèche. Dario le rapportera me promet-il. Je sais qu'il ment puisqu'il a jeté le papier. Je l'avais remboursé en comptant. Je fais une liste des meubles que nous avons achetés en Ardèche. Je ne veux pas les reprendre, mais il me rembourse ce que j'ai versé. Il y en a pour 983 euros exactement. Je lui propose d'arrondir, il peut bien faire cela avec tout ce que j'ai investi. Pour m'humilier encore un peu, il arrondit… mais à 950 euros. Il vire sur mon compte en banque. Je vérifie.

Ce jour, Cédric a loué un camion et un box. C'est le grand jour. J'emporte avec moi ce qui m'appartient dans mes souvenirs. Je pars. Je le quitte. Que vais-je devenir ? Je n'en sais rien encore. Mais une chose est certaine, je vais y gagner la liberté.

Dario propose de me donner une table avec quatre chaises. Il me fait monter dans le grenier. Une table en plastique de gamin et toute ébréchée, ainsi que quatre chaises paillées toutes trouées. Se fout-il encore de moi ? Son ironie va encore plus loin quand il ose dire à mon fils qu'il me donnait une table avec quatre chaises et que je n'en n'ai pas voulu.

Nous chargeons le camion. Comme les autres fois, Dario ne mettra pas la main à la pâte. Il veut absolument que je laisse une table de jardin avec deux bancs de jardin m'appartenant et qui va très bien sous l'auvent de son chalet dans la cour. Il me dit que ça fait *"moche"* maintenant qu'il n'y a plus de table. Il me la rachète car j'aurai plus besoin d'argent qu'une table. *"vingt euros"*, dit-il. Que vais-je faire avec vingt euros. Je garde la table. Quand je lui dis qu'il peut mettre celle en plastique à la place, il reconnaît que, pour lui, ce serait *"moche"*.

Si en aucun cas, il ne nous donne un coup de main, il surveille. Il va même jusqu'à me reprocher d'avoir repris ma vaisselle. Puisque tu l'as mise chez moi, ça m'appartient. Oui, c'est bien vrai... Il est comme ça.... Il n'en n'a pas encore assez... Le peu qu'il me reste je devrais encore lui donner... Une amie m'avait offert des coupes de champagne… Elle était venue souhaiter mon anniversaire à Giez chez Dario. Puisque les verres sont ici, ils sont à moi... Il aura même été jusqu'à dire que c'est à lui qu'elle les a offerts.

Je ne dis rien. Mon fils non plus. Nous le laissons parler tout seul, et faire l'agent de sécurité autour des cartons éparpillés dans sa cour. Il me reste certaines petites choses. Je ne peux pas tout prendre. Alors je mets ma table de salon dans le chalet. Dario accepte de me laisser la clef pour que que je puisse venir cherche le reste quand je veux. Je joue son jeu. Je lui fais signer un papier indiquant qu'il m'a bien laissé les clefs. Il serait capable de dire que je l'ai volé. Je suis heureuse de retrouver ma liberté mais j'ai la haine d'avoir subi de cette façon. Je possède des bancs, un stérilisateur, encore plusieurs choses... un album photo, des souvenirs de mes enfants...

Nous rangeons tout dans le box. Le box se situe aux Rousses, pas très loin de chez Cédric. Nous devons rendre le camion en fin de journée.

14 juin 2014. Désormais, je ne fais plus partie de sa vie. Hormis quelques petites affaires à récupérer et l'ordinateur en Ardèche. Nous échangeons des lettres. Il me culpabilise encore. Je téléphone à une association de femmes en détresse... Je m'inscris au Pôle Emploi... Je n'ai pas droit au chômage... Alors je fais une demande de RSA. Je me félicite d'avoir écouté mon ange gardien au moins une fois, quand il m'a retenue pour ne pas mettre ce qu'il me restait d'argent dans l'achat de la maison. Cédric part en vacances. Je bénéficie de son logement quelque temps. Je vais aussi chez ma fille. Et puis j'ai envie de leur laisser un peu d'intimité, alors je dors quelques jours dans mon box, parfois dans ma voiture. Ils ne le savent pas. Je leur trouve toujours une bonne excuse. Je hais Dario.

C'est aussi à ce moment-là que je prends la décision d'écrire ma plainte. Je me lance. J'ai toujours le dialogue en tête des gendarmes Ardéchois. Cette fois, je me lance. J'écris. J'écris ce que j'ai sur le cœur. Plainte contre Dario. Plainte contre les gendarmes de ne pas m'avoir écoutée. S'ils m'avaient écoutée, je n'aurais pas reçu les coups...

Heureusement pour moi ! J'ai gardé un peu d'argent et je peux acheter ma voiture. Un nouveau problème s'ouvre à moi. Je ne peux assurer ma voiture. Mon compte à l'assurance est bloqué. Je n'y pensais plus. L'assurance de la maison est à mon nom et Dario ne l'a pas payé. Croyait-il encore que j'allais lui faire ce plaisir alors que je ne faisais plus partie de sa vie ? Je lui téléphone pour lui expliquer. Il ne veut pas. Il a décidé de m'ennuyer. Je lui envoie une lettre, d'abord une simple. Puis une en recommandé. Il ne bouge pas. Je fais une lettre à l'assurance. Je suis fichée auprès des autres assurances parce que je n'ai pas payé. Le seul recours est de mettre l'assurance au nom de mon fils. Cela dure encore trois mois...

Je retourne à Giez chercher le reste de mes affaires. Surprise ! Tout est cassé dans le chalet. Ma table de salon n'est plus là. Je regarde par la porte-fenêtre de la salle à manger. Ma table de salon est à l'intérieur. Je lui téléphone. Il dit qu'il l'a payé. *"Regarde sur ton compte en banque ma chérie ?"* Je regarde. Ce que je vois m'horripile. A côté des 950 euros qu'il avait virés sur mon compte, était écrit *"correspondant à table de salon, forme soufflet"*. Il savait pertinemment que je ne descendrais pas chercher les meubles en Ardèche. Il gagnait tout. Les meubles, la table de salon, l'ordinateur... également mes souvenirs... un casque que mon fils m'avait donné, des accessoires de motos...

En août, je trouve un emploi dans un centre de vacances dans la région, ce qui me permet un peu d'oublier. En septembre, je me renseigne sur ma plainte. Où en est-elle ? La juriste de l'association se renseigne. Elle n'est pas encore arrivée dans le Jura. C'est long. Quelques jours plus tard, j'apprends par cette même juriste qu'elle doit être à la gendarmerie des Rousses. Je prends l'initiative d'aller voir. La gendarmette qui me reçoit m'informe d'abord qu'elle n'avait pas trouvé l'adresse, alors qu'elle apparaît bien sur la lettre du Procureur. Elle me fait asseoir et me demande agressivement ce que je veux. A chaque phrase que je tente de dire, elle a une réponse à fournir. Je me sens encore humiliée. Alors j'insiste et demande à ce qu'on m'écoute. Elle minimise les choses. Elle inscrit des phrases très courtes sur ma plainte. Elle ne voit pas l'utilité de mettre tout. Voyant l'épaisseur du dossier que j'ai entre mes mains, elle me reproche de mettre toute mon énergie sur cette plainte, alors que je pourrais en faire autre chose. Pour mon contrat de travail, je dois voir avec les Prud'hommes. Je ne comprends pourquoi ils ne veulent pas prendre cette plainte. J'étais en auto-entreprise, cela ne peut passer au Prud'hommes. Comme tout est compliqué. Elle doit convoquer mon fils, mais aussi ma fille. Pour la table de salon, elle me dit d'aller à la gendarmerie suisse. Ce que je fais. Ils considèrent que ma table a été volée puisqu'elle n'a pas été déclarée à la douane et me charge de demander à la gendarmerie française une *"commission rogatoire"*. Je le rapporte à la gendarmette. Elle m'informe qu'elle va tenter de joindre Dario pour un arrangement et il devrai rapporter cette table à ces frais. Je l'appelle en novembre, puis en décembre. Ils n'arrivent jamais à le joindre, ou alors quand cela arrive, il n'est pas sur place. Pourtant, on le voit partout avec sa nouvelle amie. Il fuit les forces de l'ordre. Je sais qu'il fait tout pour faire traîner en espérant que je retire ma plainte. En janvier j'apprends qu'il fait le réveillon dans le coin et je le signale à la gendarmerie. Elle me demande comment je sais tous ces renseignements.

Dario a déjà manipulé sa nouvelle compagne. Déjà elle ne voit plus sa fille unique et ses petits-enfants. La belle famille a été trahie, escroquée et cherche aussi avec qui est cette femme. Je n'en dirai pas plus par respect pour cette famille qui souffre suffisamment de la perte du mari de cette femme.

Entre temps aussi, j'ai cherché des preuves. J'ai écrit à ses ex. Une, celle avec qui il a certainement vécu le plus longtemps a accepté de me recevoir. Nous avons fait la moitié du chemin pour nous rencontrer. Tout ce qu'elle m'a appris m'a beaucoup aidée. Elle a beaucoup souffert elle aussi. Elle a subi tout ce que j'ai subi. Les lettres qu'il a écrites à son avocat lors du divorce pour se disculper de tout et dont je possède les copies le prouvent bien. Interdit d'aller courir. Elle avait le borderline, elle devait se faire soigner. Les médecins disaient à Dario qu'elle était perverse. Il fallait absolument qu'elle le quitte. Il se sert également de sa fille contre sa mère pour se disculper. Nous avons vécu la même chose. Certainement les autres aussi. Si elle a tenu à venir m'en parler c'est pour ne pas que j'aie de regret parce qu'il n'en vaut pas la peine. Elle a aussi pu me dire comment il avait fait avec les autres. Elles ont toutes souffert. C'est un *"chien"* cet homme.

Je suis retournée à Giez. Dario m'a dit que je n'aurais pas la Tiguan. Il l'avait vendue à nos amis, plutôt à ses amis. Sont-ils au courant que j'avais ma part dedans ? Je leur ai écrit. Ils ne m'ont pas répondu.

Février. Je me rends une nouvelle fois chez lui dans l'espoir de récupérer ce qu'il reste. Il ne veut pas. Même si j'ai la clef, il refuse de me rendre ce qui m'est dû.

Je n'ai rien à faire ici, me dit-il. Je tente de récupérer le reste. Je tente d'en parler à sa nouvelle compagne. Elle ne veut rien savoir. Elle me bouscule. Dario me lance un trousseau de clefs sur le visage. Je saigne. Ils m'insultent. Je réponds. Dario est fier de sortir de sa poche pour me montrer l'enregistrement. A t'il enregistré ce qu'ils m'ont dit ? Il annonce que le lendemain il a rendez-vous à la gendarmerie des Rousses et qu'il montrera l'enregistrement. Il n'a pas changé. Je file chez le médecin me faire soigner un prendre un nouveau certificat médical.

13 février. La gendarmette me téléphone. Elle a auditionné Dario la veille avec sa compagne. Que fait-elle ici ? Elle me fait part des propos que j'ai dits. Dario accepte de me rendre ma table à titre gratuit. Elle est bien bonne celle-là. Elle m'appartient mais il me l'a rend à titre gratuit. Je dois aller la chercher. Pourquoi ce changement ? Sur ma plainte, c'est lui qui devait la rapporter à ses frais. Je le lui demande. *"Il faut bien que quelqu'un se décide, dit-elle. M. Barthoulet vous rend votre table et veut la paix. Que voulez-vous donc ? De l'argent ?"* Je lui rappelle que je n'ai pas porté plainte pour une table, mais pour des coups, séquestration, harcèlement, tentative d'internement. Elle m'informe qu'il veut porter plainte en diffamation. J'étais bien tentée de lui dire qu'il avait bien réussi aussi à les manipuler. Je ne dis rien Pourquoi essaie-t-elle de me faire retirer ma plainte ? La juriste que je consulte me rappelle que j'ai porté plainte contre les forces de l'ordre et qu'ils doivent tenter de les protéger.

Une année est passé. L'enquête n'a pas avancée. Je n'ai toujours pas récupéré ce qu'il me reste. Je n'ai rie,n... Je connais l'isolement, le RSA, la CMU depuis que je l'ai quitté.

A partir de là, je ne me sens plus en confiance. Mon affaire traîne et je ne céderai pas au chantage. Je cherche sur le net comment faire pour obtenir réparation contre la police. Je fais bien. Je tombe sur un Défenseur de Droits. Je cherche à mieux comprendre son rôle. J'informe la Déléguée du Département à la Préfecture. Je prends rendez-vous. Mon dossier peut-il être posté à ce Défenseur ? Oui, me dit-elle. Avec son aide, je monte un dossier contre la gendarmerie. Nous sommes en avril 2015.

Je veux prouver que je n'ai pas été écoutée. Je veux prouver que j'ai été salie. Je veux prouver que l'on n'a pas le droit de nous traiter ainsi...

Une amie, Murielle, qui m'avait trouvée alors que je dormais dans ma voiture, m'héberge depuis quelques mois. C'est grâce à elle que j'ai pu terminer mon livre.

Fin

J'ai cherché à connaître la personne avec qui était Dario. Je ne voulais pas la considérer comme une rivale. Mon choix de quitter Dario était fait et je ne le regrette pas. Je voulais la prévenir qu'elle était une nouvelle victime. A force de chercher, j'ai trouvé...

Il a déjà commencé à la manipuler...

Elle perd son mari en même temps que je quitte Dario... Elle insiste pour qu'il soit incinéré...

Elle ne voit plus sa fille, ni ses petits-enfants. Elle ne connaît pas sa petite-fille...

Quatre mois seulement après s'être installés ensemble, il se trouve avec elle, chez le notaire pour connaître les biens qu'elle a...

Il insiste pour qu'elle achète une maison en Ardèche avec l'argent de l'assurance-vie...

Il prend des photos au cimetière en disant que son ex-famille retire les fleurs...

J'ai tenté de l'en informer, de la prévenir, je l'ai vue... Elle m'a simplement dit :

"Dario ne me manipule pas... "

Comment lui expliquer que ce n'est que le début ?

J'apprends aussi qu'ils ont arnaqué une mamie de 2000 euros... Ils se sont installés ensemble dès le décès de son mari...

Et si j'avais vraiment été empoisonnée ?

J'espère pour elle qu'elle n'ait pas chercher à commettre l'irréparable pour s'installer avec lui.

Lettre à Dario

Dario,

Suite à ta demande, je veux bien t'expliquer pourquoi je suis partie. Ce sera ma dernière lettre après ta dernière réaction pour éviter qu'un drame puisse se jouer entre nous. Je pense que tu as tout fait pour que je parte puisque deux jours après tu t'installais avec quelqu'un.

- Ta jalousie m'exaspérait.
- Tes mensonges m'ont pourrit la vie.
- Tu me raibaissais constamment.
- Tu me dénigrais constamment.
- Tu m'humiliais constamment.
- Tu m'interdisais de sortir.
- Tu m'interdisais de continuer la danse.
- Tu m'interdisais de continuer le sport.
- Tu m'empêchais de travailler.
- Ta trahison.
- Tu me punissais comme une petite fille.
- Tu me traitais comme un chien. Ne m'as-tu pas dit une fois d'aller à la niche ?
- Tu m'isolais de ma famille et de mes amis.
- Tes inscriptions sur les sites de rencontres.
- Ta radinerie. Combien de fois ai-je payé des notes de bar aux concentrations moto pour ne pas passer pour des radins.
- Tes promesses faites et jamais tenues.
- Tu as vendu tous mes meubles.
- Tu as signé un contrat avec moi jamais payé.
- Tu as profité de moi pour entretenir le chalet.
- Tu me signais une autorisation pour prendre la voiture.

- Tu profitais de moi pour détourner des biens et de l'argent.

- Tu te servais de mes amis pour me faire du mal.

- Tu faisais croire que j'aurai un permis de travail et de séjour en Suisse.

- Tu mettais parfois l'alarme pour être certain que je ne pars pas la nuit.

- Tu faisais du chantage auprès de ton médecin pour te faire plaindre.

- Tu tentais de me faire interner.

- Tu ne pensais qu'à toi et à toi seul...

- Pour clore le tout, quand tu voyais que tu allais trop loin, tu appelais police ou associations pour dire que je t'agressais.

- Tu m'apprenais à mentir. Exemple je devais dire aux voisins que tu avais acheté une maison en Ardèche afin qu'ils ne se posent pas de questions sur tes finances.

- Nous avions commencé une thérapie de couple. Egalement avec ta femme... Même conclusion !

- Tu payais tout avec ta carte bancaire suisse et tu me demandais de payer en euro les vacances sous prétexte que cela t'évitait de retirer de l'argent en France. J'ai compris encore trop tard que c'était pour ne pas laisser de preuves.

- Le clou, celui qui m'a fait partir. C'est la séquestration. Pensais-tu me garder sous ton emprise ? Ou encore pensais-tu me mettre à bout et que la police me voie dans un état tel qu'ils auraient pu m'interner. Pensais-tu arriver à me faire interner le reste de ma vie ? J'avais déjà compris ton *"manège"* et je devais me *"sauver"*.

- Toi à l'inverse, tu faisais tout... Retrouver des amies au chalet, faire tes balades seul en moto quand je travaillais... Tu n'as pas apprécié quand je t'ai fait remarquer que tout était pareil pour deux... Tu m'as même fait prendre un appartement aux Fourgs (pour que je sois plus près de toi), mais aussi suffisamment loin de la ville (pour que je ne profite de rien quand tu me punis de voiture). Egalement détourner des factures de Suisse en te servant de mon adresse.

Alors tu t'es mis à parler de jalousie pour moi. J'ai achevé largement les quatre années que tu octroies à une femme. Comment faire pour que je parte enfin ?

Tu m'as traitée comme une *"esclave"* pendant six ans. En 2010, tu devais me payer pour les travaux effectués, tu ne l'as jamais fait. Tu avais bien trop peur que j'aille ailleurs avec ça. Quand les agents de police sont venus au chalet, tu m'as bien fait comprendre qu'il ne fallait pas que je dise que j'habitais là à cause du permis de séjour. Là encore j'ai fait comme tu voulais. Tu m'as fais aussi mentir pour que je fasse tout comme tu veux.

Ce week-end encore, j'ai tenté d'obtenir en vain l'argent que tu me dois. Ta seule réponse est *"il faudra que je le prouve"*. Une de tes expressions favorites. Après m'avoir donné deux coups, et parce que je voulais me protéger, j'ai crié. Tu as enregistré ces moments. Tu es mesquin. Tu refuses de me payer ce que tu me dois tu me fais du chantage. Je pense qu'au jour d'aujourd'hui, il faut être honnête. Tu t'es précipité auprès de ta fille pour lui dire que je faisais exprès de te mettre à bout et que tu me cognes comme je l'ai fait avec mon ex-mari. Ce n'est pas vrai, tu es menteur. Je n'apprécie pas que tu racontes de telles choses immondes auprès de ta fille pour te protéger mais aussi parce qu'elle répète tout et ma vie ne la regarde pas. Je me souviens aussi de cet été quand tu m'as dit qu'elle voulait me casser la gueule et qu'elle ne voulait surtout pas connaître mes enfants. Je n'ai rien fait à ta fille.

A force de rester enfermée, de supporter tes rabaissements, te servir de ta fille pour que tout le monde parle de ma vie. Cela ne regarde personne, encore moins ta fille.

CELA S'APPELLE ETRE UN PERVERS NARCISSIQUE.

Ne renouvelle pas cela avec les autres.

Je pars parce que je dois me protéger Je vais faire ce qui est nécessaire pour moi et rendre à la vie ce qui est à la vie, rendre à la loi ce qui lui appartient.

A côté de cela, pour me culpabiliser tu racontais aux gens un problème de jalousie...

Comment de ne pas être jalouse quand j'ai subi tout ce que j'ai subi... Toi tu le sais... Dire des mots doux à d'autres femmes devant moi... Le chat, la petite culotte, les mensonges pour Brigitte au chalet, la réaction en lui demandant de partir, les sms *"La brigade arrive"*, *"Elle est là"*, faire la soubrette en mini-jupe devant elle, vouloir qu'elle vienne manger, les cartes postales *"Tendresses"*, *"Ton petit rayon de soleil"*. Pour Lesquelles je devais penser que ce n'était que de l'amitié... Les sites de rencontres sur internet pendant que j'étais avec toi...

Je n'en dirai pas plus... Tu t'arranges toujours pour te faire passer pour la victime et c'est avec cela que tu m'as isolée de tout le monde.

Je t'ai beaucoup aimé, j'ai beaucoup cru en toi. Quand j'ai cru sortir de l'enfer dans lequel j'étais, j'ai cru avoir une belle vie avec toi...

Mon seul regret est de ne pas avoir compris plus tôt... Pourtant avec toutes les femmes qui ont vécu avec toi...

Si je suis partie sans rien, c'est que je n'en pouvais plus... Tu m'as complètement détruite...

Néanmoins, je souhaiterais récupérer les affaires qu'ils restent chez toi. La table de salon que tu as gardée, alors qu'elle a une valeur sentimentale pour moi et tu le sais, c'est aussi pourquoi tu veux encore me punir, les pèle-mêles offerts par mes enfants... L'ordinateur que j'ai payé et dont tu as jeté le reçu signé, et le reste...

Je me suis déplacée douze fois pour tenter de récupérer ces objets. Tu as fermé la porte, disant que je n'ai aucune preuve... Tu es ignoble. Ne m'as-tu pas suffisament punie pour garder des objets ayant une valeur si importante. N'as-tu pas suffisament de biens sans délester encore quelqu'un qui n'a plus rien ?

Katy

Quand je l'ai enfin quitté, j'étais tout aussi mal dans ma peau, mais pour une autre raison. Après les humiliations des gendarmes, la peur de la rue, le RSA, l'isolement total... je n'arrivais plus à avoir confiance en moi, et je fuyais tout le monde. Je pensais même au suicide. J'avais raté ma vie et elle n'avait plus d'importance.

Et puis, j'ai pensé que ce serait lui donner raison. Alors, j'ai relevé la tête... J'ai décidé de me défendre...

Il existe une loi. Celle du 9 juillet 2010. Cette loi qui défend les violences psychologiques ? Comment est-elle appliquée ?

Les gendarmes n'avaient pas le droit de m'humilier et de me laisser ainsi.

Un petit message pour les forces de l'ordre,

Messieurs,

Le 9 juillet 2010, une loi a été instaurée contre les violences psychologiques faites aux femmes.

En avez-vous été informés ? Pouvez-vous faire la différence entre des disputes conjugales et des violences psychologiques ? Suite à ce que je viens de vivre, je pense que la majorité des gendarmes ne peuvent pas faire la différence. Je peux le comprendre, ce ne doit pas être évident. Mais a-t-on le droit d'être humiliée comme je l'ai été, comme d'autres personnes également le sont ? Lorsque je regarde les réseaux sociaux sur lesquels je me suis inscrite pour mieux comprendre le déroulement de la manipulation, je suis stupéfaite de voir combien de femmes ont été prises pour des imbéciles par les forces de l'ordre. Je m'excuse pour ceux qui n'agissent pas de cette manière, car il existe des policiers ou des gendarmes compréhensifs… Nous n'avons pas cette chance, nous les femmes, de ne pas être entourées de personnes pouvant nous comprendre.

Sur les réseaux sociaux, nous échangeons beaucoup sur notre vécu avec un manipulateur pervers narcissique. Nos histoires se ressemblent toutes. C'est déjà suffisamment difficile de vivre avec ses souvenirs que de se faire encore délester de tout, se faire humilier encore, ne pas arriver à se faire comprendre.

Lors du colloque à Strasbourg contre les violences faites aux femmes, j'ai beaucoup apprécié une façon de faire dans la police. Ils ont créé deux binômes. Un policier et une policière, formés sur les violences conjugales. Lui pour s'occuper de l'homme. Elle, de la femme. Je trouve cela bien. Ils peuvent comprendre alors plus facilement.

Pour que la loi du 9 juillet 2010 soit appliquée totalement, alors Messieurs les gendarmes, Messieurs les policiers, Messieurs les juges, Messieurs les Procureurs... Pensez à nous ! Mettez-vous à notre place !

Nous souhaitons être écoutées et reconnues dans un rôle de victime et non un rôle de coupable.

Quand j'ai porté plainte auprès du Procureur de la République, j'ai accusé les gendarmes qui n'ont pas voulu m'écouter. Il était écrit que Monsieur devait rapporter mes affaires à ses frais. Le manipulateur passé, on me demande si j'ai des factures. Gardez-vous des factures pour un banc acheté dans une grande surface, des cadres photos ? D'autant que ce sont mes enfants qui sont dessus. Puisque cela m'appartient, pourquoi ne demande-t-on pas à Monsieur de montrer les factures de ses objets ? Pourquoi la police Suisse a-t-elle demandé une commission rogatoire de la gendarmerie française et que celle-ci n'a pas voulu bouger ?

Les gendarmes ne m'ont pris aucune preuve. Ce n'était pas nécessaire, m'ont-ils dit, je les donnerai à mon avocat. Ils savaient que je n'aurais pas besoin d'un avocat puisqu'ils mettraient *"affaire classée faute de preuves"*. Des preuves, pourtant j'en ai... Des courriers, des lettres écrites et signées de la propre main de mon PN...

Cela mérite bien une explication, non ?

A toutes les victimes de violences psychologiques,

Ce livre, je tenais à le faire. Pourquoi ? Lorque j'ai entendu ce terme de *"Manipulateur Pervers Narcissique",* je me suis inscrite dans des groupes sociaux, sur des forums pour comprendre cette pathologie. Nombreuses sont les personnes souffrant de ces violences psychologiques. Vous remarquerez que je ne parle pas que de femmes. Je dis *"personne",* car si elles touchent une grande majorité de femmes, les hommes sont tout aussi concernés. Le jour de la sortie au cinéma du film de Mélanie Laurent *"Respire",* nous avions décidé sur les réseaux sociaux de nous réunir par région pour voir ce film. J'ai rencontré Jean-Marc. Cet homme patient, gentil, battant, m'a raconté son calvaire avec une perverse. Je l'ai cru, son histoire était la même que moi au masculin. Les histoires que je lisais sur les forums, ressemblaient toute à mon histoire, parfois plus cruelles quand il y a des enfants au milieu du couple. Dans ce cas, les pervers se servent d'eux pour se venger de leur mère. La difficulté de se faire entendre, malgré la loi du 9 juillet 2010, visant à protéger les victimes de violences psychologiques. Cette loi est-elle vraiment appliquée ? Je suis allée à un colloque sur la violence psychologique à Strasbourg, en novembre 2014. Je voulais en connaître davantage. C'est aussi ce qui m'a donné la force de me battre encore.

J'étais restée trop longtemps avec cet homme en espérant quoi ? J'ai perdu encore des années de ma vie avec lui. Combien de ces *"victimes"* perdent autant d'années de leur vie, alors qu'elles pourraient être plus heureuses avec un autre homme ou seules avec leurs enfants ?

Même si j'ai eu des problèmes récemment avec les gendarmes, je me souviens qu'un jour, durant mes années mariées de violences conjugales, un policier qui m'avait conduite à l'hôpital pour la énième fois, m'avait dit *"Pourquoi vous ne le quittez pas ? Au début, c'est vrai, cela doit être difficile, mais après vous verrez, vous serez si bien, vous vous poserez la question, pourquoi n'êtes-vous pas partie plus tôt ?"*

Au début de ma relation avec Dario, j'ai souvent pensé à ce policier, à ce qu'il avait dit, parce que j'étais heureuse. Les premières années étaient si belles. Après, je ne veux pas lui en vouloir pour les dernières années. Je n'ai pas fait le bon choix, c'est tout !

Je veux prévenir les victimes. Quand elles commencent à sentir que leur conjoint change de comportement, elles doivent se trouver des preuves qui peuvent être des courriers, des téléphones aussi... Noter... Se faire aussi un journal intime. Et oui, il n'y a pas d'âge pour faire son journal. Cela peut servir. Si moi, j'ai pu refaire ce livre, c'est aussi parce que dans les moments difficiles, j'écrivais... ma vie au quotidien. Quand tout allait mieux je laissais mon écriture... et je reprenais... Ne pas oublier la moindre humiliation, la moindre remarque, le moindre coup... Tout noter... Tout photocopier... La date du médecin que vous êtes allées voir parce que vous étiez trop stressées... Cacher... car le pervers fouille... ou protéger... Je ne vous conseillerai pas de famille ou d'amis... car le pervers arrive à ses fins et les isole de vous... Finies les preuves... A ce moment-là, il faut se méfier de votre entourage !

Je les ai cherchées ces preuves ! Tout ce qui concerne le rabaissement, les humiliations... c'est difficile... Cela se fait toujours en huis clos... Mais il y a les médecins... Les mairies... Les voisins... Des papiers qui traînent et dont vous pouvez y trouver des choses importantes pour votre défense... et bien tant

pis si vous le respectiez... après tout lui vous respecte-t-il ?
Fouinez... et cherchez... vous trouverez forcément !

Il faut penser aussi à une chose, le manipulateur se perd dans ses mensonges. Il vous ment une fois. Vous n'y faites pas attention. Si vous lui posez la même question quelque temps plus tard, beaucoup plus tard, pas trop près, il ne vous donnera pas la même réponse. Une troisième fois et ce sera encore une autre version. Là vous verrez que le mensonge est très présent dans son quotidien.

A toutes les victimes, j'espère qu'elles se manifestent, qu'elles partent. Une autre vie démarre : celle de la liberté !

A vous tous mes amis et mes amies virtuelles des groupes sociaux,

Il y a quelque temps, j'ai promis de faire un livre pour nous, pour mieux faire comprendre notre colère devant cette loi du 9 juillet 2010 qui n'est pas appliquée.

En aucun cas, il est écrit que nous devons être humiliées par les forces de l'ordre, par la justice... Nous devons être protégées, écoutées, aidées...

Je vous remercie, tous et toutes d'être à l'écoute de chacun et chacune qui se trouvent dans un moment de blues. Ecouter, écrire, aider... C'est notre devise sur ces groupes et nous en sommes fiers. Il y a, certes beaucoup de femmes, mais quelques hommes, et puis ceux qui n'ont pas forcément subi mais qui sont là aussi pour nous écouter et nous soutenir. Certaines personnes sont beaucoup plus présentes que d'autres mais la petite pensée de soutien est toujours là.

J'ai tenu à mettre la petite citation apparue bien souvent dans nos groupes. :

Chaque blessure laisse une cicatrice,
Et chaque cicatrice raconte une histoire,
Une histoire qui dit "J'ai survécu".

C'est nous ! C'est notre histoire ! Si nous avons réussi à survivre, c'est parce que nous en valons la peine ! Nous devons nous faire reconnaître parce que nous existons !

Pour ceux ou celles qui sont en plein dedans, écrivez sur ces réseaux. Vous ne serez pas seuls et surtout, vous parlerez à des personnes qui vous comprendront parce qu'elles l'ont vécu.

Une petite pensée amicale à vous toutes !

A Madame la Ministre des Droits de la Femme,
A Madame la Ministre de la Justice,

Nous sommes un groupe de femmes ayant subi d'importantes violences psychologiques, que ce soit par nos compagnons, nos parents, nos collègues… Avons-nous besoin d'être humiliées davantage quand nous contactons les forces de l'ordre ? Pourquoi agissent-elles ainsi avec nous ? Pourquoi se sentent-elles plus fortes pour nous rabaisser autant ?

Que devient cette loi du 9 juillet 2010 visant à défendre les femmes victimes de violences psychologiques, si elle n'est pas appliquée ? Pour quoi a-t-elle été créée ? Ou pour qui a-t-elle été créée ? Rassurez-nous !

D'un côté, on nous dit de ne pas avoir peur de porter plainte. Quand nous portons plainte, nous ne sommes pas écoutées... On refuse de prendre nos preuves, on nous culpabilise... et au bout du compte, les affaires sont classées.

Nous avons tous vécu à peu près la même chose, violences psychologiques importantes qui mènent à une destruction totale de notre âme. Nous n'arrivons plus à vivre normalement. Comment peut-on vivre après avoir été détruit ? Comment arrivons-nous à survivre puisque nous pensons sincèrement que la justice n'est pas avec nous ? Le coupable court toujours. Il recommence avec d'autres. Plus personne n'est protégé. Il est coupable mais se fait passer pour la victime. Pour un coupable, combien de victimes se feront manipulées et souffriront encore ?... On dirait que la justice voit le contraire. Elle considère le manipulateur comme une victime et toutes ces femmes autour de lui sont les coupables... Les rôles sont inversés. Mesdames les Ministres, quand je lis les histoires de certaines femmes, j'ai les larmes aux yeux. Il y en a beaucoup trop. Vous ne pouvez pas laisser agir ainsi les coupables. Nous avons le droit de vivre.

Et puis certains ont encore des enfants en bas âge. Comment vivent-ils au milieu de ces pervers narcissiques ?

J'ai été si détruite que j'ai à un moment, voulu en finir avec la vie. Et puis je me suis dit *"Pourquoi lui faire ce plaisir ?"* Nous devons nous battre, nous devons vaincre ce fléau. Les gendarmes ont-ils entendu parler de cette loi ?

Alors, je fais un petit clin d'œil, à vous Mesdames les Ministres des Droits de la Femme et de la Justice pour nous aider.

D'abord faire appliquer cette loi puisqu'elle existe !...

Loi n°2010-769 du 9 juillet 2010

Le harcèlement moral au sein du couple est désormais une infraction punissable. Il se traduit par des agissements répétés ayant pour conséquence une dégradation des conditions de vie ou mentale.

Une journée nationale de sensibilisation aux victimes faites aux femmes, fixée au 25 novembre est également instituée.

Table des matières